Der Verseschmied

Dr. Theodor Parisius

Der Verseschmied

Kleiner Leitfaden für Hobbydichter

FALKEN

Im FALKEN Verlag sind weitere Bücher für den Hobbydichter sowie zahlreiche Musterbände für Reden und Briefe zu vielen Anlässen und für alle Altersgruppen erschienen. Fragen Sie Ihren Buchhändler.

Unser Beitrag zum Umweltschutz:
Papier aus chlorfrei gebleichtem Zellstoff

ISBN 3 8068 0597 0

Umschlaggestaltung und Titelbild: Zembsch' Werkstatt, München
Zeichnungen: Heidemarie Müller

Gesamtherstellung: Wiesbadener Graphische Betriebe GmbH, Wiesbaden

08059782X161 514 131 211

Inhalt

Reim und Vers

Allgemeines über Reim und Vers

Verskunst in der Praxis

Über die Verskunst sind schon viele Bücher und Abhandlungen geschrieben worden. Sie sind aber für den »praktischen Gebrauch« weniger geeignet, denn sie tragen einen stark wissenschaftlichen Charakter.
Wer für seine Neigung zum Verseschmieden einige praktische Winke haben will, tut sich schwer, sich durch solche wissenschaftlichen Abhandlungen hindurchzulesen.
Hier sollen lediglich – gewissermaßen aus der Praxis für die Praxis – allerlei Anregungen und Ratschläge gegeben werden, wobei zahlreiche Beispiele zum leichteren Verständnis angefügt werden.

Warum Reime und Verse?

Wie schon Kinder beim Abzählen und beim Singen während des Spieles sich oft hergebrachter Reime bedienen, so gibt es auch viele Erwachsene, die bereits einmal die Neigung verspürt haben und immer wieder verspüren, das, was sie zu schreiben oder zu sagen haben, in Reimen und Versen auszudrücken.
Anlässe sind dazu genügend gegeben. Da gilt es, Onkel Wilhelm oder Tante Marie einen Gruß aus dem Urlaubsort zu senden. Wieviel eindrucksvoller ist dann doch für sie ein kleiner Vers und nicht nur ein üblicher, prosaischer Kartengruß! Oder Tante Frieda hat Geburtstag, und man möchte ihr mit einigen netten Versen gratulieren. Also »verbricht« man ein »Gedicht«!
Und nicht zuletzt »das rote Tuch«: Mit vielsagendem Lächeln legt der gütige Gastgeber dem meist peinlich überraschten Gast das Gästebuch vor, und der Gast quält sich dann notfalls einige Verse ab.
Ein weites Feld für Verse sind in der Regel die Polterabende und insbesondere die Hochzeitszeitungen, aber auch Jubiläen und andere Festlichkeiten im Kreise der Freunde, unter Bekannten und in der Nachbarschaft.
Nicht zuletzt sucht auch ein auf regen Absatz seiner Waren oder Firmenprodukte bedachter Geschäftsmann eindrucksvolle Verse für die Werbung. Denn erfahrungsgemäß prägt ein gewandter Werbevers sich mehr ein als eine Werbung in Prosa.

Kurz, es gibt tausend Anlässe, statt in nüchterner Prosa in ansprechenden, vielleicht auch lustigen Versen sich zu ergehen, natürlich immer in der stillen Hoffnung, damit dem Empfänger eine besondere Freude oder doch einen nachhaltigen Eindruck auf diesen zu machen.
Und dann kommt auch der Augenblick, wo die Neigung in die Tat umgesetzt wird. Aber wird man auch wirklich sein Ziel erreichen? Das hängt davon ab, ob der Reim, der Vers, das Poem auch wirklich gelingt. Dazu reicht der gute Wille allein nicht aus, auch das Reimen, das Verseschmieden muß gelernt sein. Denn es gibt nun einmal Regeln, die man dabei unbedingt beachten muß.

Reim, Vers, Strophe, Gedicht

Bevor wir uns nun mit solchen Regeln, gewissermaßen mit der »Technik«, beschäftigen, ist es angezeigt, einige Grundbegriffe zu klären. Es ist eine Eigenart der deutschen Sprache, daß das gleiche Wort oft für ganz verschiedene Begriffe verwandt wird. Was ist ein Reim, ein Vers, eine Strophe, ein Gedicht?

Zunächst der Reim:
Einigen wir uns darauf, daß wir in diesem Zusammenhang unter Reim nur das Reimwort beziehungsweise die sich reimenden Wörter verstehen wollen, sagen wir zum Beispiel die Wörter

»träge« und
»Säge«.

Und was ist ein Vers?
Der Vers entsteht, wenn den Reimwörtern Texte vorgefügt werden. Wir nehmen als Beispiele für Reim und Vers solche am besten aus dem allbekannten »Max und Moritz«:

»Max und Moritz, gar nicht träge,
sägen heimlich mit der Säge.«

Das ist ein aus zwei Verszeilen bestehender Vers.

Und nun die Strophe:
Ich glaube, bei Strophe denkt man unwillkürlich an das Deutschlandlied und besonders die dritte Strophe, beginnend mit »Einigkeit und Recht und Freiheit«.
Damit ist festgestellt: Unter einer Strophe ist die Zusammenfassung einer Gruppe von Versen, und zwar bei Liedern aus gesanglichen Gründen verständlicherweise von einer gleich großen Zahl von Versen, zu verstehen.
Tatsächlich gehen die Begriffe »Vers« und »Strophe« im allgemeinen Sprach-

gebrauch oft durcheinander. So wird in den Kirchenliedern das, was hier im Gegensatz zum Vers als Strophe bezeichnet wird, als Vers bezeichnet. Auf den Anschlägen in der Kirche heißt es z. B.: »Vers 1 bis 4« oder dergleichen. Eine Besonderheit bietet die Bibel. Ihr Text ist in Verse eingeteilt, wobei diese Bezeichnung aber nichts mit dem Versbegriff im Sinne der Verslehre zu tun hat, sondern nur der leichteren Zitierung von Bibelstellen dient.

Und schließlich ein Gedicht:
Das Gedicht ist das Ganze, aus Reimen und Versen und meist auch aus Strophen bestehend. Dabei sollte man aber zweierlei berücksichtigen.
Erstens: Moderne Gedichte bestehen heute oft darin, daß sie, was die Form anlangt, keine Gedichte im alten Sinne mehr sind. Denn sie sind nicht an Reim und Verse gebunden. In der allgemeinen Tendenz, sich von allen Formen und ihren Zwängen zu befreien, sind diese neuen Gedichte in Prosa geschrieben, und ihr Gedichtcharakter ist allein auf den poetischen Inhalt abgestellt und äußerlich auch darin zu erkennen, daß im Gegensatz zu der üblichen Prosa das Gedicht in kürzere Zeilen eingeteilt ist.
Dabei bedienen sich die Verfasser derartiger Gedichte allerdings auch solcher Fassungen, wie sie auch schon bisweilen die Klassiker gewählt haben, wenn sie sich von der Reimform lösten, so Schiller, vorzüglich bei mancher seiner Balladen, aber auch andere bekannte Dichter wie Ludwig Uhland, Heinrich Heine oder Conrad Ferdinand Meyer in ihren Balladen.
Zweitens: Wer heute Reime und Verse verfaßt, sollte zurückhaltend sein und das, was er verfaßt hat, nicht gleich als »Gedicht« bezeichnen. Dieses Attribut sollte man nur der Poesie der wirklichen Dichter zukommen lassen. Dadurch, daß man Reime und Verse verfaßt, ist man noch keineswegs ein Dichter im traditionellen Sinne. Selbst der anerkannte Dichter greift bisweilen zu Reim und Vers, ohne dieses gleich als Gedicht herauszustellen. »Hobby-« oder »Werbeverse« kann man, dem allgemeinen Sprachgebrauch folgend, höchstens als »Poeme« bezeichnen.

Der Reim

Auch Reimen muß gelernt sein

Wenn nur doch alle, die reimen, sich auch darüber klar wären, daß nur der *richtige* Reim Beifall findet! Wer wirklich Sinn und Gefühl hat für den richtigen Reim, der kann nur dann, wenn er einwandfreie Reime und Verse zu lesen bekommt, vielleicht in ein bewunderndes »Ah!« ausbrechen. Wenn aber der Reim zwar gut gemeint, aber kein richtiger Reim ist oder wenn der Vers »hol-

pert«, dann wird der Leser oder der Empfänger des »Gedichtes« nicht mit einem staunenden »Ah!«, sondern mit einem schmerzvollen »Au!« reagieren. Wolfgang Kayser sagt in seinem Buch »Kleine deutsche Versschule« mit Recht:
»Es gibt für den Dichter Handwerkliches, das er lernen muß, wie es für den Musiker, den Maler, den Bildhauer Handwerkliches gibt. Sie müssen es gelernt haben, ehe sie dem Gestalt geben können, was in ihnen nach Ausdruck sucht.«
Auch wer von sich annimmt, daß er eine ausgesprochene Begabung für das Verseschmieden habe, sollte es nicht unterlassen, die hierfür bestehenden Regeln zu beachten und stets seine Begabung zu pflegen, zu schulen und zu üben.
Doch was ist nun der richtige Reim? Was ist ein richtiger Vers? Das muß näher erläutert werden.

Der richtige Reim

Entstehung des Reimes

Die Frage nach dem richtigen Reim kann man am besten beantworten, wenn man zunächst einen Reim gewissermaßen mit dem Seziermesser in seine Bestandteile zerlegt, um ihn dann wieder aus seinen einzelnen Bestandteilen zusammensetzen zu können.
Wie setzt sich ein Reim zusammen?
Da wird man fast an ein Kochbuch alter Art erinnert: »Man nehme . . .«.
Man nehme einen Mitlaut (Konsonanten) wie d, f, g oder dergleichen und hänge an ihn einen Selbstlaut (Vokal) wie z. B. a, e, i, sagen wir beispielsweise

ra, do, ge, fu, schi.

Dieser Buchstabenzusammenstellung stellen wir nun andere Mitlaute gegenüber und hängen an diese jeweils die gleichen Selbstlaute an, sagen wir also beispielsweise

ga, ho, fe, tu, wi.

Nun stellen wir diese Buchstabenzusammenstellungen mit den jeweils gleichen Selbstlauten einander gegenüber. Das ergibt dann

ra/ga, do/ho, ge/fe, fu/tu, schi/wi.

Damit haben wir den Ausgangspunkt für entsprechende Reime, den *Reimkern.*
Es genügt natürlich auch, wenn einer der Reimkernteile mit einem Selbstlaut anfängt, also

a/ga, o/ho, ge/e, u/tu, schi/i.

Und ebenso ist ein Reimkern möglich, der mit mehreren Mitlauten beginnt

bra/ga, dro/ho, gle/fre, fru/tu, schli/wi.

Aus dem Reimkern entsteht nun ganz einfach der *Reim*, indem man den Reimkernen entsprechende gleiche oder zumindest gleichlautende Buchstaben anhängt.

Der ein- und der mehrsilbige Reim
Gehen wir von den vorstehenden Beispielen

ra/ga, do/ho usw.

aus, so entstehen die *einsilbigen Reime* durch Anhängen einiger Buchstaben, die mit dem Reimkern zusammen ein einsilbiges Wort bilden. Es entstehen dann also Reimwörter wie

Rast/Gast, dort/Hort, Geld/Feld, Fusch/Tusch, Schild/wild.

Es genügt aber, wie gesagt, auch eine Reimzeile, die mit einem Selbstlaut anfängt, also

Ast/Gast, dort/Ort usw.

Immer aber müssen die angeführten Buchstaben gleich lauten, auch wenn sie sich nicht gleich schreiben.
So reimt sich nicht

Rast/As, dort/Lork, Geld/welk usw.

Beim *mehrsilbigen Reim* werden dem Reimkern Buchstaben angehängt, die mit dem Reimkern zusammen nicht nur eine Silbe, sondern zwei oder mehr Silben bilden. Bei Verwendung der obigen Reimkerne (ra/ga, do/ho usw.) entstehen dann zweisilbige Reime wie

Rabe/Gabe, Dohlen/holen, Gäste/Feste, funken/tunken,
schildern/wildern.

Natürlich kann man nicht nur an einen Reimkern, sondern auch an ein – nach obigem Verfahren bereits gebildetes – einsilbiges Reimwort eine zweite Silbe anhängen und so ein zweisilbiges Reimwort finden. Greifen wir den einsilbigen Reim Rast/Gast heraus, so können daraus Reime entstehen wie

Rasthaus/Gasthaus.

Auch Reimwörter mit noch mehr als zwei Silben können so entstehen, so aus Geld/Feld

Geldscheine/Feldscheune.

Oder man setzt bereits zweisilbigen Reimwörtern eine dritte Silbe hinzu, so dem Reim »wider/Lieder«. Dann entstehen mehrsilbige Reime wie

widerlich/liederlich.

Im übrigen lassen wir hier die mehrsilbigen Reime vorläufig außer Betracht, weil sie später noch eine besondere Behandlung erfahren.
Aber auch hier immer die gleiche Regel: Stets müssen die angehängten Buchstaben, wenn sie auch nicht immer die gleichen zu sein brauchen, auf jeden Fall gleich lauten.

Hier sei noch eine Randbemerkung gemacht und zwar über die Vorsilben bei Reimwörtern. Wann läßt eine Vorsilbe den Charakter des Reimwortes unberührt, und wann hebt eine Vorsilbe den Charakter des Reimwortes auf? Hier muß man unterscheiden zwischen der unbetonten Vorsilbe und der betonten Vorsilbe.
Was die *unbetonte Vorsilbe* anlangt, so brauchen sich die unbetonten Vorsilben nicht zu reimen. Es reimen sich beispielsweise die Reimwörter

*be*wegen/*be*legen
*ver*wegen/*be*legen.

Natürlich schadet es nichts, wenn auch die Vorsilben sich reimen

*er*legen/*ver*wegen.

Anders ist es, wenn die *Vorsilbe betont* ist. Hier behalten die Stammwörter (z. B. gehen und sehen) ihren Reimcharakter, wenn sich die Vorsilben untereinander reimen.

*auf*sehen/*drauf*gehen.

Der Reim bleibt aber auch erhalten, wenn die Stammwörter die gleichen sind

*auf*gehen/*drauf*gehen.

Dagegen entfällt der Reim, wenn bei zwei sich reimenden Stammwörtern die Vorsilben die gleichen sind

*auf*gehen/*auf*sehen

oder wenn sie gar verschieden sind

*ab*gehen/*auf*sehen,

denn die sich reimenden Silben sind hier unbetont; ein Reim setzt aber voraus, daß der Ton auf den Reimsilben liegt (s. Seite 24 ff.).
Auf mehrfache Vorsilben wird in diesem Zusammenhang, um das Ganze nicht zu komplizieren, erst auf Seite 26 (Doppelreim) eingegangen.

Wie finde ich das Reimwort?

Wie wir sehen, beginnt das Reimwort in der Regel mit einem Mitlaut oder mit mehreren Mitlauten.
Will man also auf ein Wort wie »Kelle« ein Reimwort finden, so muß man dieses zweite Wort mit einem anderen Mitlaut oder mit anderen Mitlauten beginnen lassen.

»K«– elle/»Z«– elle/»Schw«– elle.

Beginnt das erste Wort mit einem Selbstlaut, so muß man eben ein anderes gleichlautendes zweites Wort suchen, das aber mit einem Mitlaut oder mit mehreren Mitlauten beginnt:

Elle/»Z«– elle/»Schw«– elle.

Um also das Reimwort zu finden, muß man das ganze Alphabet nach den Mitlauten durchgehen. Es bieten sich dann folgende Mitlaute an:

B – Bl – Br
C – Chr – Chl – Cl – Cr
D – Dr
F – Fl – Fr
G – Gl – Gr
H
J
K – Kl – Kn – Kr
L
M
N

P – Pf – Pfl – Ph – Pl – Pr – Ps
Q
R
S – Sk – Sl – Sp – Spl – Spr – St – Str
Sch – Schl – Schm – Schn – Schr – Schw
T – Tr
V – Vl – Vr
W – Wl – Wr
X
Z – Zw

Am besten probieren wir dies einmal mit einigen wahllos herausgegriffenen Wörtern durch, sagen wir vielleicht:

beben – Brägen – blähen – Bein – Bast – Bank – Bau.

Dann ergibt sich folgendes Bild:

*	eben		Ehen	ein	Ast		au!
B	*beben*			*Bein*	*Bast*	*Bank*	*Bau*
Bl			*blähen*		erblaßt	blank	blau
Br		*Brägen*					
C							
D		Degen		dein		Dank	
Dr			drehen	zu drein		Drang	
F		fegen	Feen	fein	fast	Fang	
Fl			flehen				flau
Fr				frei'n		frank	Frau
G	geben	gegen	gehen		Gast	Gang	Gau
Gl					Glast		
Gr	Gräben						grau
H	heben	hegen		Hain	Hast	Hang	Verhau
J							Kabeljau
K				kein			kau!
Kl	kleben			klein		Klang	klau!
Kn					Knast		
Kr			krähen			krank	
L	leben	legen	Lehen	allein	Last	lang	lau
M		Mägen	mähen	mein	Mast	mang	mau
N	neben		nähen	nein			genau

P				Pein	ver-		
Pf					paßt		Pfau
Pfl		pflegen					
Plh Pl							
Pr		prägen			verpraßt		
Ps							
Q			nach		Quast		
R	Reben	Regen	Rehen	herein!	Rast	Rang	rauh
S		Segen	sehen	sein		Sang	Sau
Sk							
Sl							
Sp			spähen	spei'n			
Spl Spr						sprang	
St	mit Stäben	auf Stegen	stehen	Stein		Gestank	Stau
Str	streben		ge-		ge-	Strang	
Sch		mit	schehen	Schein	schaßt	Schank	Schau
Schl		Schlägen	Schlehen			schlank	schlau
Schm			schmähen				
Schn		mit		schnei'n			
Schr		schrägen		Schrein		Schrank	
Schw	schweben			Schwein		Schwank	
T	Theben	Strategen		Latein	Kon-	Tang	Tau
Tr		die Trägen			trast	Trank	trau!
V							
Vl							
Vr							
W	weben	wegen	wehen	Wein			Wauwau
Wl							
Wr							
X							
Y							
Z			Zehen			Zank	
Zl							
Zw				zu zwei'n		Zwang	

* Mit Selbstlaut beginnende Reimwörter

Interessant ist bei dieser Zusammenstellung, daß sie deutlich erkennen läßt, wie verschieden reimfähig die einzelnen Wörter sind. Auf manche läßt sich vieles, auf manche kaum etwas reimen.
Der Verseschmied tut daher gut, als Schlußwort einer Versreihe ein Wort zu wählen, auf das sich gut reimen läßt.
Andererseits darf man aber auch nicht in den Fehler verfallen, allzu abgeschmackte Reime ständig zu gebrauchen. Steputat führt im Vorwort zu seinem Reimlexikon mit Recht als »abgedroschene« Reime an:

Sterne/Ferne, Liebe/Triebe, Herz/Schmerz.

Will man sich dieses Suchen nach einem Reim, indem man alle Mitlaute durchgeht, sparen, so kann man sich auch eines Reimlexikons bedienen.
Natürlich gibt es auch Wörter, auf die es auch mit dem besten Willen keinen Reim gibt; da kann man suchen, soviel man will. Als Beispiel wird meist das Wort »Mensch« angeführt, es sei denn, daß man dem Reimwort Gewalt antut, z. B. »Mensch« mit »wetterwend'sch« reimt oder – scherzweise – das Reimwort auseinanderreißt wie »Rennsch – litten«.
Bei allen Reimen kommt es natürlich stets darauf an, daß die folgenden Buchstaben gleichlauten. Es ist nicht nötig, daß es die gleichen Buchstaben sind; es genügt vielmehr, wenn in der Aussprache ein Gleichlaut besteht. Die Schreibweise kann ganz anders sein. So reimen sich trotz der verschiedenen Schreibweise (einmal mit »v«, einmal mit »f« geschrieben) die Wörter »Nerven« und »werfen«.

Oder man denke an den so oft zitierten Vers:

»Und so zieh'n wir mit Gesang
in ein and'res Restaurant.«

Keine Rolle spielt natürlich der Buchstabe »h«. So reimt Busch in »Max und Moritz«:

»Daß dies mit Verstand gesch*ah*,
war der Lehrer Lämpel d*a*.«

Ebenso reimen sich selbstverständlich – obgleich einmal mit »h«, dann ohne »h« geschrieben – »Tr*a*n« und »W*ah*n« oder »S*oh*n« und »sch*o*n« usw.
Das »h« stört den Reim selbst dann nicht, wenn es mitten in einem zweisilbigen Wort steht. So reimt Spitta mit Recht

verleihen/befreien.

Es gibt noch viele Wörter und Reime, bei denen verschiedene Schreibweise in den Reimwörtern den Reim nicht stört, eben weil der Gleichlaut trotz dieser Verschiedenheit gewährleistet ist. So in der früheren Nationalhymne

»Heil Dir im Sieger*kranz*,
Herrscher des Vater*lands*«.

Oder man denke auch hier wieder an Verse in »Max und Moritz«:

»Wer in Dorfe oder Sta*dt*
einen Onkel wohnen ha*t*«.

Solche Verschiedenheiten stören aber, wohlgemerkt, den Reim nur dann nicht, wenn sie am Ende der Verszeilen stehen. Anders ist es bei solchen Verschiedenheiten in der Mitte des Verses (s. unten!).

Wo steht das Reimwort?

Zum Schluß dieses Abschnittes noch eine Frage: Wo stehen die Reimwörter? Wir sahen oben: am Ende der Reimzeilen. Doch gibt es auch hier Varianten. So kommt es vor, daß auch innerhalb der Versreihen sich Reime befinden. Man denke nur an das bekannte niederländische Dankgebet:

»Wir *treten* zum *Beten* vor Gott den Gerechten.
Er *haltet* und *waltet* ein strenges Gericht.«

oder:

»Wir *loben* dich *oben,* du Lenker der Schlachten,
und *flehen,* mögst *stehen* uns fernerhin bei.«

Manchmal bildet der Reim sogar nur eine Verszeile für sich, denn schließlich ist eine Mindestlänge für eine Verszeile nicht vorgeschrieben. So etwas findet man z. B. bisweilen in Chorälen:

»Schaue,
baue,
was zerrissen und beflissen ...«.

Die Regel aber wird immer sein, daß das Reimwort am Ende einer Verszeile steht.

Der unreine Reim

Es gibt aber nicht nur reine oder saubere Reime, sondern auch unreine oder unsaubere Reime.

Aber auch die letzteren sind allgemein als Reime anerkannt. Ihr Wesen besteht zumeist darin, daß die Selbstlaute in den Reimwörtern nicht *ganz* die gleichen sind und auch nicht *ganz* gleich lauten, aber sich doch soweit ähneln oder nahekommen, daß man die Abweichung übersieht.

Es handelt sich also um Reime, bei denen einem Reimwort mit Selbstlaut ein Reimwort mit einem Umlaut gegenübergestellt wird oder in denen zwei Reimwörter mit sich ähnelnden Umlauten einander gegenübergestellt werden.

Als Beispiel mögen uns auch hier wieder Verse aus »Max und Moritz« dienen:

»e« und »ö«

»Ach, was muß man oft von *ö*sen
Kindern hören oder l*e*sen«

»e« und »ä«

»Menschen necken, Tiere qu*ä*len,
Äpfel, Birnen, Zwetschen st*e*hlen«

»ö« und »ä«

»Alltagsr*ö*cke, Sonntagsr*ö*cke
lange Hosen, spitze Fr*ä*cke«

»i« und »ü«

»Oder wäre was zu fl*i*cken,
abzuschneiden, anzust*ü*cken«

»ei« und »eu« (bzw. auch »äu«)

»Drum so hat in der Gem*ei*nde
Jedermann ihn gern zum Fr*eu*nde.«

Das alles gilt also noch als Gleichlaut, richtiger gesagt, ungefähr als Gleichlaut. Ja sogar als Reimwörter verwandt werden bisweilen Wörter mit den Umlauten

»ü« und »ö«

»Kein Aug' hat je gesp*ü*rt,
Kein Ohr hat je geh*ö*rt«,

wenngleich hier kaum noch von zwei Umlauten gesprochen werden kann, die man in Reimwörtern verkraften kann.

Natürlich fällt ein solcher Gegensatz weniger auf, wenn derartige Reime nicht unmittelbar aufeinanderfolgen, sondern durch eine neue Verszeile getrennt sind.

Ähnliches wie von den Umlauten gilt auch von Mitlauten, wenn sie in der Mitte des Reimwortes stehen. Zwar wenig schön und kaum noch als ungefähr gleichlautend, aber vielleicht als unreiner Reim noch anzusprechen sind Reime, in denen sich beispielsweise »t« und »d« mitten im Reimwort gegenüberstehen. Nicht zu beanstanden ist dagegen ein Reim, in dem das Reimwort einmal mit »t«, sodann mit »d« schließt. Denn hier werden beide Mitlaute gleich ausgesprochen. So kann man selbstverständlich beispielsweise auf »Kleid« auch »breit« reimen. Anders aber ist es, wenn die beiden Mitlaute mitten im Reimwort stehen, wie in den Wörtern »Kleider« und »breiter«.

Oder man nehme die Mitlaute »s« und »ss«. Hier liefert wieder Wilhelm Busch ein Beispiel:

»Max und Moritz rochen die*s*es.
Schnell aufs Dach gekrochen hie*ß* es.«

Doch trifft man solche Reime selbst bei Goethe an, der auf »Winter« das Wort »Kinder« reimt, und bei Eichendorff:

»und meine Seele spann*t*e
weit ihre Flügel aus,
flog durch die stillen Lan*d*e,
als flöge sie nach Haus.«

Nicht sehr schön sind ferner Reime, bei denen das eine Reimwort gedehnt, das korrespondierende Reimwort aber kurz, also nicht gedehnt, ausgesprochen wird, Beispiel:

»Maß« und »Haß«
»Verehrte« und »Experte«
»Duft« und »ruft«
»Mus« und »Schluß«
»Öle« und »Hölle«
»müssen« und »versüßen«.

Doch werden auch solche Abweichungen in der Dichtung allgemein in Kauf genommen, so zum Beispiel oft in den Kirchenliedern, in denen vielfach auf das hier häufig vorkommende Wort »Gott« Wörter wie »Not«, »Gebot« oder »Tod« gereimt werden.
Sehr häufig findet sich so etwas auch in Volksliedern:

»Bald wird die Trompete bla*s*en,
dann muß ich mein Leben la*ss*en.«

Auch können, im Reimwort stehend, verschiedene Mitlaute ohne weiteres akzeptiert werden, wenn sie fast gleichlautend ausgesprochen werden. Das gilt beispielsweise für den gern gebrauchten Glückwunsch für einen noch sehr mobilen Mann, der 70 Jahre alt wird:

»Ein Wunder be*gibt sich:*
Ein Jüngling wird *70*.«

»bts« und »bz« sind sich in der Aussprache sehr ähnlich. In solchen Fällen braucht man also die Mitlaute nicht »auf die Goldwaage zu legen«.
Ebenso kann man auf »kommt« auch »prompt« reimen, denn das »p« im Worte »prompt« kommt in der Aussprache ja kaum zum Ausdruck.
Besonders zu erwähnen sind die Fälle, in denen die am Anfang des Reimwortes stehenden Mitlaute die gleichen sind, also ein Reim eigentlich nicht entstehen kann und es dennoch zu einem Reim kommt, da die beiden Mitlaute verschieden ausgesprochen werden, wie z. B. in den Wörtern »*V*erse« und »di*v*erse«. Einmal wird das »v« wie ein »f«, das andere Mal wird das gleiche »v« wie ein »w« ausgesprochen. Solche Reime sind zulässig und *wirkliche* Reime.

Der Dialektreim

Vorsicht bei Dialektreimen! Hier muß man sehr aufpassen: Wann liegt eine Lautgleichheit auch wirklich vor? Das hängt oft von Gegend und Dialekt ab. Was in vielen Teilen unseres Sprachgebietes gleichlautet, tut es in anderen Landstrichen nicht. Solche Wörter sollte man als Reimwörter lieber vermeiden.

Auch hier wieder ein Beispiel aus »Max und Moritz«:

»Wie denn Böck von der Geschichte
auch das Magendrücken kriegte.«

Der Reim ist nur dann als Reim zu werten, wenn man, wie in der Heimat von Wilhelm Busch, »kriegte« wie »krichte« ausspricht. Spricht man aber dieses Wort – wie in anderen Gegenden – wie »kriekte« aus, dann ist es um den Reim geschehen.

Ein besonders stark pointiertes und in der Verslehre gern zitiertes Beispiel liefert Goethe selbst, und zwar in seinem Gedicht »Ach, neige, du Schmerzensreiche«, in welchem er auf »neige« das Wort »reiche« reimt. Das reimt sich aber nur in seinem Frankfurter Dialekt, in welchem »neige« ausgesprochen wird wie »neiche«.

Ein anderes kleines Beispiel: Von Jugend auf singen wir

»Einmal werden wir noch wach,
heissa, dann ist Weihnachtstag«.

Nun wird aber in manchen Teilen unseres Landes »Tag« nicht wie »Tach«, sondern wie »Taak« ausgesprochen, und dann reimt sich dieser alte Kindervers nicht mehr richtig.

Solche Beispiele lassen sich beliebig vermehren. Man denke nur an Reime wie

»Schreck« und »weg« (»weg« wird wie »weck«, in anderen Landstrichen wie »wech« ausgesprochen),

oder

»Burg« und »durch« (»Burg« wird wie »Burch«, in anderen Landstrichen aber wie »Burk« ausgesprochen).

Solche Wörter gibt es viele, also Vorsicht bei ihnen! Andererseits erlaubt der Dialekt, als solcher deutlich erkennbar, auch bisweilen einen Reim, der im Hochdeutschen nicht möglich gewesen wäre. Das zeigt sich zumal oft im Volkslied wie in dem Lied:

»Es steht ein Baum im Odenwald,
der hat viel grüne Ä*st*'.
Da bin ich schon viel tausendmal
mit meinem Schatz ge*west.*«

Der Reim, der kein Reim ist

Eines aber ist von ausschlaggebender Wichtigkeit und kann gar nicht oft genug betont werden, weil gerade gegen diesen Grundsatz immer wieder verstoßen wird.
Es gibt nämlich zahllose »Reimer«, die meinen, es genüge ein *ungefährer* Gleichlaut.

Da liest man auf einer Reklametafel:

»Eine Meinung:
Zeta-Kleidung!«

Auf das Wort »Kleidung« reimt sich aber nur »Meidung«. Sicherlich sollte aber der Leser nicht aufgefordert werden, die Zeta-Kleidung zu meiden.
Solche gutgemeinten Reime, die aber keine Reime sind, finden sich leider sehr häufig. Man denke z. B, auch an das alte Soldatenlied

»Denn dieser Fe*ld*zug,
der ist kein Schne*ll*zug«.

Die Buchstaben hinter den Anfangsbuchstaben lauten vielleicht etwas ähnlich, aber sie sind nicht gleichlautend.
Man sollte also als obersten Grundsatz sich zu Herzen nehmen: Es genügt nicht eine gewisse Ähnlichkeit im Gleichlaut; das Reimwort muß vielmehr, von den oben erwähnten ungefähr gleichen oder zumindest gleichlautenden Mitlauten oder auch Selbstlauten (wie »e« und »ö« oder »t« und »d«) abgesehen, unabhängig von der Schreibweise – wirklich absolut gleich lauten.
Reimt man zwei Wörter, von denen jedes aus zwei Silben besteht, so genügt es nicht, wenn die ersten Silben sich reimen; die zweiten Silben müssen auf jeden Fall gleich lauten, wie oben ausgeführt. Man kann also nur reimen

ba – *den* / la – *den*.

(nicht aber

ba – *den* / La – *gen*)

oder ge*ben* / be*ben* (nicht aber:
ge*ben* / le*gen*)
oder Fi*bel* / Bi*bel* (nicht aber:
Fi*bel* / Bü*gel*.)

Das ist oben schon deutlich gesagt, muß aber immer wieder gesagt werden. Eine gewisse Erklärung für solche Reime, die keine echten Reime sind, besteht anscheinend in der Vorstellung, daß die Endsilben sich auch reimen, also in den hier erwähnten Beispielen, daß sich reimen

gen / den
gen / ben
gel / bel.

Ein Reim setzt aber voraus, daß die *betonten* Silben sich reimen, die folgenden unbetonten dagegen dürfen nicht voneinander abweichen.
Hier liegt immer wieder und wieder der Fehler. Da schreibt ein von seinem Auto begeisterter Autofahrer:

> »Nun hat der gute treue *Wagen*
> Zweihunderttausend schon ge*fahren.*«

Ein anderer Autofahrer:

> »Im November Achtund*fünfzig*
> war er als Auto noch recht *günstig.*«

Alles gutgemeinte Verse, aber es *sind* keine Verse, denn zu einem guten Vers gehört ein richtiger Reim, und das sind eben keine Reime, eben aus den erwähnten Gründen.
Auch eine Bundesministerin reimte »daneben«, nämlich »Wi*cht*« auf »Di*ch*« in einem Preis bei einem kindlichen Erzählerwettbewerb.
Besonders großzügig war Martin Luther bei seinen Reimen, so reimte er bekanntlich auf »Waffen« das Wort »betroffen«. In alten Chorälen aber nimmt man solche Reime, die keine Reime sind, nicht so ernst, zumal auch hier manchmal Dialekt oder frühere Sprechweise eine Rolle spielt.
Darüber hinaus merke man sich:
Auch bei einsilbigen Reimen gilt das Gesagte, ja man kann sagen: erst recht, wenngleich hier solche Fehler seltener gemacht werden. Also man reime nicht etwa

> Mund / Trunk oder:
> Heil/Bein!

Solche Fehler machen manchmal selbst in der Literatur bekannte Dichter, insbesondere wenn es sich um ähnlich klingende, aber nicht gleichlautende Mitlaute handelt wie z. B. bei »m« und »n«. Im »Struwwelpeter« kommt der allseits bekannte Reim vor:

> »Die Sonne schien ihm aufs Gehi*rn,*
> drum nahm er seinen Sonnenschi*rm.*«

So reizend zweifellos der »Struwwelpeter« ist, so könnte man hier doch fast »Au!« rufen.
Natürlich kann man nicht alle Möglichkeiten von »Reimen, die keine Reime sind«, aufzählen. Immerhin mögen hier noch weitere solche mit »au!« zu quittierenden »Reime« als Beispiele aufgeführt werden:

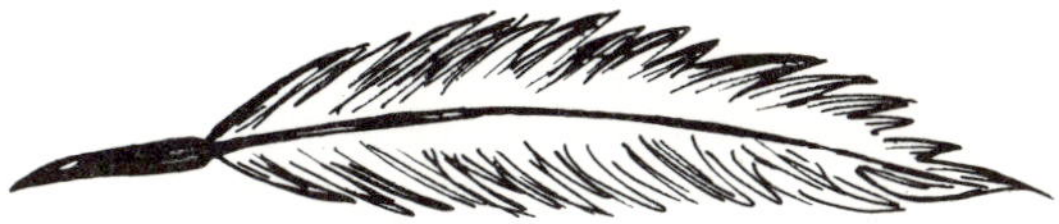

Auf	reimt sich	aber nicht
»selig«	»kehlig«	»ewig«*,
»geben«	»leben«	»legen«,
»halten«	»gestalten«	»verwalken«,
»Regen«	»legen«	»Reben«,
»wecken«	»necken«	»schleppen«,
»gleiten«	»reiten«	»weiden«,
»fasten«	»hasten«	»Masken«,
»reden«	»Schweden«	»Segen«,
»stopfen«	»klopfen«	»hopsen«,
»rennen«	»kennen«	»schlemmen«,
»tragen«	»sagen«	»Laken«
»Äste«	»Reste«	»Wespe«,
»Geraspel«	»Gehaspel«	»Kapsel«,
»Katze«	»Fratze«	»Maske«,
»Liebe«	»Siebe«	»Intrige«,
»Bann«	»Mann«	»Kamm«,
»Stand«	»Rand«	»Samt«,
»Leib«	»Weib«	»Streik«,
»Gips«	»Schlips«	»Knicks«,
»Mops«	»Drops«	»Klotz.

* evtl. auch »allmählich«, wenn »lig« und »lich« gleich ausgesprochen werden, was vielfach der Fall ist.

Die Beispiele zeigen: Die »Ungereimtheit« besteht darin, daß die Endsilbe des als Reim gewählten Wortes anders lautet als die des Wortes, auf das es sich reimen soll. In den ersten Reihen: »wig« statt »lig«, »gen« statt »ben«, »ken« statt »ten«, »ben« statt »gen« usw. Bei den einsilbigen Reimen lauten bei den Fehlreimen die auf die Reimbuchstaben (ba/ma; sta/ra; lei/wei) folgenden Buchstaben abweichend: »m« statt »n«, »mt« statt »nd«, »k« statt »b«, usw. Feder Verseschmied muß darauf achten, daß so etwas unterbleibt.

Einen ähnlichen Fehler begeht Philipp Nicolai in dem altbekannten Choral von 1599, beginnend mit den Worten:

»Wachet auf ruft uns die *Stimme*
der Wächter sehr hoch auf der *Zinne.*«

Hier tritt der Fehler im Reim, weil er sich in der Mitte des Reimwortes befindet, noch deutlicher in Erscheinung als in den vorgenannten Wörtern »Stirn« und »Schirm«, wo sich die Buchstaben »n« und »m« am Ende der Wörter befinden. Anders ist es, wenn die verschiedenen Mitlaute in den Reimwörtern selbst sich nur verschieden schreiben, aber gleich ausgesprochen werden, wie es bei den

Buchstaben »v« und »w« der Fall sein kann. So kann man, wie oben ausgeführt, ruhig auf »Nerven« das Wort »werfen« reimen. Stehen diese Buchstaben aber am Anfang der Reimsilben, so entfällt der Reim einfach deshalb, weil das Wesen des Reimes ja in der Verschiedenheit der Mitlaute am Anfang der Reimwörter bzw. Reimsilben besteht.
Infolgedessen kann man beispielsweise auf »zivil« nicht »Ge*w*ühl« reimen; zwar beginnen die beiden Reimsilben einmal mit »v«, das andere Mal mit »w«, aber beide Mitlaute werden gleich ausgesprochen.
Oder ein anderes Beispiel: »Verse« und »Ferse«.

Nun wird zwar darauf hingewiesen, daß auch große Dichter Reime verfaßt haben, die hiernach keine Reime sind. Solche Hinweise gehen aber häufig fehl, so z. B. wenn auf Schiller verwiesen wird, bei dem es in seinem »Lied von der Glocke« heißt:

> »Schwer bela*d*en
> schwankt der Wa*gen.*«

Gewiß: »beladen« und »Wagen« reimt sich nicht. Dabei wird aber übersehen, daß Schiller in diesem Gedicht bisweilen kurz zu Sätzen in Prosa übergeht wie gerade hier. Andererseits mag ein Trost für Gelegenheits- und Hobbydichter sein, daß selbst Dichter wie Heinrich Heine es mit den Reimen nicht so genau nehmen. Jeder kennt gewiß sein reizendes Gedicht »Leise zieht durch mein Gemüt«. Dort reimt er bekanntlich in der zweiten Strophe auf das Wort »Haus« das Wort »schaust«. Aber bei Dichtern wie Heinrich Heine ist das die berühmte »dichterische Freiheit«. Wenn ein Gelegenheits- oder Hobbydichter so berühmt wird wie Heinrich Heine, kann er sich auch solche dichterischen Freiheiten getrost erlauben. Bis dahin aber sieht er besser davon ab!
Ein Fehler jedoch, der jedem unterlaufen kann und auch anerkannten Dichtern schon bisweilen unterlaufen ist, ist der, daß das gleiche oder gleichlautende Wort versehentlich als Reimwort gewählt wird. Das passiert bisweilen selbst unseren großen Dichtern. Wer kennt nicht das schöne Wanderlied von Viktor von Scheffel »Wohl auf, die Luft geht frisch und rein«? Und in der 3. Strophe »passiert« es dann dem Dichter:

> »Wie gerne wär' ich mitge*wallt!*
> Ihr Pfaff' wollt' mich nicht haben.
> So muß ich seitwärts durch den *Wald*
> Als räudig Schäflein traben.«

Bei Lichte betrachtet: »wallt« und »Wald« reimen sich mit dem besten Willen nicht.
Oder ein anderer großer Dichter, Joseph Freiherr von Eichendorff, in dem schönen Wanderlied »Wem Gott will rechte Gunst erweisen«:

»Wem Gott will rechte Gunst er*weisen*,
den schickt er in die weite Welt,
dem will er seine Wunder *weisen*
in Berg und Wald und Strom und Feld.«

Wahrscheinlich wird man bei sorgfältigem Suchen noch bei manchen Dichtern solche »Verse« nachweisen können, die keine Verse und auch nicht Ausdruck dichterischer Freiheit, sondern offensichtlich ein dichterisches Versehen sind. Auch in den Kirchengesängen kehren solche Wiederholungen des Reimwortes als mißglückte Reime öfter wieder, so in dem Gesang »Herr Jesu Christ, Dich zu uns wend'«:

»Bis wir singen mit Gottes *Heer*:
Heilig, heilig ist der *Herr.*«

Aber wem wäre das auch als Gelegenheits- und Hobbydichter nicht schon passiert!

Und schließlich noch ein Reim, der kein Reim ist. Es werden als Reime Wörter verwandt, die ungefähr gleich lauten, wobei dann großzügig darüber hinweggesehen wird, daß am Schluß des einen Reimwortes ein Buchstabe fehlt. Solche »Reime« finden sich besonders häufig in den Volksliedern:

»In einem tiefen *Grunde*
da geht ein Mühlenrad,
mein Liebchen ist ver*schwunden,*
das dort gewohnet hat.«

Dabei spielt allerdings oft auch der Dialekt eine Rolle.

Die Betonung bei mehrsilbigen Reimen

Reime können bekanntlich aus ein- oder mehrsilbigen Wörtern bestehen. Dabei kann der Ton auf der ersten oder zweiten und bei dreisilbigen Wörtern auch auf der dritten Silbe liegen, und dementsprechend muß auch der Ton auf dem Reimwort verteilt sein, das heißt: Die sich jeweils reimenden Silben müssen betont sein. Deshalb soll man beispielsweise nicht aufeinander reimen:

gehen / aufstehen
anspitzen / verschwitzen
bejammern / ausklammern.

Bei einem Verse wie

»Er erregte durch sein Gehen
rings im Lande stets Aufsehen«

würde der Rhythmus, über den noch zu sprechen ist, nur gewahrt und ebenso der Reim, wenn man bei »Aufsehen« den Ton auf die Silbe »sehen« legen würde, was aber dem Sprachgebrauch nicht entspräche.
Besondere Vorsicht ist bei zweisilbigen Reimwörtern geboten, bei denen man in der Umgangssprache den Ton ebensogut auf die erste wie auf die zweite Silbe legen kann. So kann man in der Umgangssprache hören, daß bei dem Wort »deshalb« bald die Silbe »des«, bald die Silbe »halb» betont wird. Das gleiche gilt von dem Worte »warum« und manchen anderen Wörtern. So sollte man z. B. »deshalb« und »Kalb« in der Regel nicht aufeinander zu reimen suchen. In der Regel wird allerdings ein Leser mit Sprachgefühl sich vom Rhythmus der Verse schon so einfangen lassen, daß er das Wort richtig betont. Aber das gehört – bei Lichte betrachtet – eigentlich weniger in die Problematik des Reimes als zu dem noch zu erörternden Thema des Versmaßes.
Fehler, die auf der verschiedenen Betonung des Reimwortes basieren, sind häufig. So reimt Philipp Nicolai

»Macht Euch bereit
zu der Hochzeit!«

Auch dem ganz unbefangenen Leser stößt hier die völlig verschiedene Betonung zwischen »bereit« und »Hochzeit« auf, wobei aber auch sonst der Versrhythmus nicht gewahrt wäre. Schließlich sei auch noch ein recht volkstümlicher Vers zitiert:

»Ach, die Arbeit ist so *schön*,
stundenlang kann man zu*seh'n.*«

»Grausig« sind Reime, bei denen eine unbetonte Schlußsilbe auf eine betonte gereimt wird. Hier lieferte unsere alte Nationalhymne ein betrübliches Beispiel:

»Nicht Roß und Reisige
sichern die steile Höh'...«.

Nur durch die Melodie wurde dieser Schnitzer in etwa ausgeglichen.
Es gibt aber auch Wörter, bei denen der Ton auf der 1. und 3. Silbe ziemlich gleichmäßig liegt. Liegt der Ton auf der letzten Silbe, so muß auch bei dem Reimwort der Ton auf der letzten Silbe bzw. dem entsprechenden Wort liegen. Beispiel: Auf »Katapult«, ein Wort, bei dem der Ton deutlich auf der letzten Silbe liegt, reimt sich »Schuld« oder »Huld« oder dergleichen.
Liegt der Ton auf der 1. und 3. Silbe ziemlich gleich stark, so muß auch hier das Reimwort auf die letzte Silbe ansprechen.
So reimt sich auf das Wort »Dromedar« – hier liegt eine fast gleich starke Betonung auf der 1. und der 3. Silbe – ein Wort wie »Paar«, »Schar«, »Jahr« oder dergleichen.

Liegt aber der Ton deutlich auf der 1. Silbe, so muß der Ton bei dem Reimwort auch auf der 1. Silbe liegen.
So reimt sich auf »liederlich« (Ton deutlich auf der 1. Silbe) ein Wort wie »widerlich«.
Ein Reim auf der Endsilbe »lich« mag in der Regel nur bei dreisilbigem Reimwort angehen.

»Sie haben alles hinter *sich*
und sind gottlob recht tugend*lich*«

oder als weiteres Beispiel ein altes Trinklied

»So füll' und leer' mein Gläschen *ich*
und trinke immerzu.
Nennt man mich nächstens lieder*lich* ...«.

Bei einem zweisilbigen Reimwort aber geht ein solcher Reim nicht.

»Er zeigt *sich*
recht freund*lich.*«

Kein noch so Reimwütiger wird behaupten können, daß sich *das* reimt.

Der Doppelreim

Doch kann bei mehrsilbigen Reimwörtern auch gleich ein Doppelreim Platz greifen. Ein solcher liegt vor, wenn mehrsilbige Wörter sich doppelt reimen, also der erste Teil des Reimworts auf den ersten Teil des korrespondierenden Reimwortes, der zweite Teil des ersten Reimwortes auf den zweiten Teil des zweiten. Solche Doppelreime überraschen den Leser. Ein Beispiel:

»Er zeigt zwar äußerst *bieder sich*
und dennoch ist er *widerlich.*«

Hier reimen sich einerseits »bieder« und »wider« und andererseits »sich« und »lich«.
Oder ein anderes Beispiel: Auf »Standbild« reimt sich nicht nur »Wandbild« (einfacher Reim), sondern auch »Wandschild« (Doppelreim).
Für Doppelreime, wobei es sich um mehrsilbige Wörter oder verschiedene Einzelwörter handeln kann, liefert ferner ein altes, gruseliges Lied von Heinrich Seidel ein lehrreiches Beispiel:

»Auf den *Rabenklippen*
bleichen *Knabenrippen.*«

Oder:

»Rings im *Kringel schnattern*
schwarze *Ringelnattern.*«

Dabei ist es auch möglich, drei Wörter gegenüberzustellen, bei denen die beiden ersten und die beiden dritten sich reimen, nicht dagegen die beiden mittleren, die gleichlautend oder sogar verschieden sein können. Auch hier wieder Seidel:

»trinkt noch *schnell 'nen Bittern,*
sinkt zur *Stell' mit Zittern* ...«.

Zweifellos ein geschickter Doppelreim!
Hier muß auch noch einmal auf die oben erwähnten Vorsilben zurückgekommen werden. Auch hier kann ein Doppelreim entstehen, indem man zwei sich reimende Vorsilben wählt. Zum Beispiel die Vorsilben »ver« und »zer«. So geben die Wörter »versehen« und »zergehen« auch einen Doppelreim, der freilich als solcher nicht wesentlich in Erscheinung tritt.
Doppelreime sind natürlich nicht »auf der Straße zu finden«, und es gehört schon Nachdenken, Talent oder Glück dazu.

Der Schüttelreim

Das gilt erst recht vom Schüttelreim. Sein Wesen besteht bekanntlich darin, daß bei einem Doppelreim die Mitlaute am Anfang der Reimwörter ausgetauscht sind. So reimt sich auf »*St*ein*w*ein« nicht nur »Einstein«, sondern auch »*W*ein*st*ein«. Auch hierfür weitere Beispiele:
So heißt es von dem erschrockenen Leser des Gedichtes von Seidel:

»Selbst ein *st*ummer *D*enker
wird ein *d*ummer *St*änker,
wenn er soviel Grauses hört und schaut«,

und er sinkt – wie gesagt, nach Genuß eines Bittern – dahin, ja wohin?:

»mit 'ner *Kr*eide*h*aut
ins *H*eide*kr*aut«.

Solche Schüttelreime sind natürlich noch schwieriger als Doppelreime. Trotzdem gibt es viele, und sie sind sehr beliebt.
Wie macht man sie?
Ein Patentrezept gibt es natürlich nicht.
Und findet man schließlich vielleicht durch Zufall einen solchen Schüttelreim, so ist es oft schwer, »sich daraus einen Vers zu machen«.
Zweifellos bilden »*H*als*schm*erzen« und »*Schm*alz*h*erzen« einen Schüttelreim, aber wie kann man einen solchen Schüttelreim in einem Vers verwerten?!

Als kleiner Wink mag Folgendes gelten:
Hat man einen Reim, zum Beispiel »Kuß« und »Schluß«, so kommt es eben darauf an, einen weiteren, zu dem ersteren passenden Reim zu finden, bei dem die Anfangsbuchstaben ausgetauscht sind, also im vorliegenden Beispiel ein Reimwort, beginnend mit »Schl« und das zweite Reimwort beginnend mit »K«. Das ist an sich nicht schwer, nur müssen dann die vier Wörter auch einen Sinn ergeben, und das ist nicht so einfach. »Schlamm« und »Kamm« fangen zwar richtig an, aber »Schlamm« und »Kuß« passen wirklich nicht zusammen. Bei »Schlappe« und »Kappe« ist es dasselbe; »schlappe Kuß« gibt nichts her! Auch mit »Schlund« und »kund« ist nichts anzufangen.

Aber mit »Schlummer« und »Kummer« geht es:

> »Oh, gib mir einen *Schl*ummer*k*uß,
> dann ist mit allem *K*ummer *Schl*uß!«

Theoretisch könnte man auch noch einen anderen Weg gehen. Man versucht eben, zu zwei Wörtern am Schluß einer Versreihe zwei Wörter für die nächste Versreihe zu finden, die zusammen einen Doppelreim geben. Aber das führt, wenn nicht der Zufall hilft, selten zu einem Ergebnis.
Wer sich also langweilt, der möge über solche Schüttelreime nachdenken.
Als kürzesten Schüttelreim zitiert Hanke den Schüttelreim von Wilhelm Pinder:

> »*D*u *b*ist
> *B*ud*d*hist.«

Etwas gequält ist der bisweilen zitierte, von Heinrich Gösch stammende Konkurrenzreim, der überdies kein richtiger Schüttelreim ist, weil die Austauschmitlaute (ck bzw. k und w bzw. v) nicht alle am Anfang der Versreihen stehen (bei ck)

> »i*ck w*ar
> *V*i*k*ar«.

Aber man könnte noch andere, von Hanke erwähnte Kurzschüttelreime zitieren wie

> »*W*eh *d*iesen
> *D*e*v*isen!«

oder

> »*w*eitz*e*ilig
> *z*eit*w*eilig«.

Aus eigener Versküche seien zwei weitere Beispiele hinzugefügt: Mahnung des Wirts an seine Kellner:

> »*s*er*v*iert
> *v*er*s*iert!«

oder

Beginn christlichen Daseins:
»*A*uf-*t*akt:
*T*auf-*A*kt.«

Der letztere Schüttelreim weist auf die vielleicht in einem besseren Reim zu realisierende Möglichkeit eines Austausches von zwei Mitlauten zusammen mit dem Austausch von zwei Selbstlauten hin.

Möge jeder Gelegenheits- oder Hobbydichter sich ähnliche Kurzschüttelreime einfallen lassen!

Der Scherzreim

Allgemeines

Natürlich kann man Reime auch so gestalten, daß sie gleich als Scherzreime empfunden werden und auch sollen. Man denke dabei beispielsweise an den bekannten Vers in »Max und Moritz«:

»Jeder weiß, was so ein Mai-
käfer für ein Vogel sei.«

Beliebt sind auch Scherzreime mit dem volkstümlichen Wortende wie -ste, -tse: »siehste«, »kannste«, »haste«, »hatse« wie in dem alten Schlager:

»Eine Miezekatze
hatse . . .«.

Hierher gehören auch Verse wie

»und kriegt sie keine Sülze,
dann brülltse«,

oder die Worte aus dem bekannten Lied vom Blusenkauf

»Und in den Laden s*tarrt'se*:
Ach, geben Sie mir 'ne s*chwarze*!«

Recht erheiternd kann auch ein Vers wirken, bei dem die zweite Verszeile nur ganz kurz ist:

»bekanntlich hat ein Pensionär
es schwer.
Er hat stets, statt sich auszuruh'n,
zu tun.«

Das gilt insbesondere bei Verwendung volkstümlicher Ausdrücke:

»Du glaubst, du wärest für Stunden
aufs engste
mit deiner Thusnelda verbunden,
ja, d*enks*te!«

Oder

»Er meinte, man könnt' ihn nicht kriegen,
er könne, weil grade die Wahlzeit,
jetzt ruhig verleumden und lügen.
Ja, M*ahlze*it!«

Natürlich spielt im Scherzreim auch das vergewaltigte Reimwort oft eine Rolle, wie in dem im Alltag oft gebrauchten Vers

»Nur nicht b*romme*n, es wird schon kommen!«

Beliebt sind in dieser Hinsicht auch Reimwörter wie »nich« statt nicht, schon weil sich auf »nich« so herrlich reimen läßt:

»Haben sie *nich*
'ne Frau für mich?«

Auch lassen sich manche Reime finden, die an sich schon erheiternd wirken wie

»nackelig« – »wackelig« – »dackelig«

oder

»siebzig« – »piepsig«

oder

»flöten« – »verlöten«.

Witzig wirken ferner oft Reime in Dialektform wie auf berlinisch oder bayrisch – wenn man diese Dialekte beherrscht, und das ist natürlich nicht jedermanns Sache.

Wie in allen solchen Fällen möge auch hier ein Hinweis nicht unterbleiben auf etwas, was in einem Vers sehr erheiternd wirken kann, auch wenn es sich um gleichlautende Wörter handelt, die allerdings deshalb als Reimwörter nicht in Frage kommen, wie z. B. die ärgerliche »Diät«, auf die der Arzt den Patienten setzt, und die genußreichen »Diäten« beispielsweise für Abgeordnete. Aber das geht schon mehr auf den Versinhalt als auf die Reimerei.

Schließlich wird für Scherzreime natürlich besonders gern ein Schüttelreim benutzt wie in dem obigen Beispiel in den Versen von Heinrich Seidel.

Eindrucksvoll wirken auch Verse, in denen sich immer wieder auf das gleiche Wort Reime wiederholen. Solche Verse sind besonders bei Eintragungen in ein Gästebuch beliebt.

»Wir danken für die schönen Stunden
und wollen gerne hier bekunden,
daß wieder dankbar wir empfunden,
wie eng mit Euch wir doch verbunden.«

Man kann natürlich noch weitere ähnliche Reime hinzufügen und dann den Gastgeber durch seinen Einfallsreichtum und seine Reimkunst – vielleicht – beeindrucken. Hierher gehören auch Reime, die man als Vokalreime bezeichnen kann.

Vokalreime
Auch Vokalreime können ganz lustig wirken. Sie fallen dadurch aus der Reihe, daß dem Reimwort am Schluß der Verszeile einige Wörter vorgeschaltet sind, die sich von dem Schlußreim nur durch ihre Vokale (Selbstlaute) unterscheiden. Einige Beispiele:

»Der *Seekranke.*
Ich mag mich nicht an manchen Tagen
aufs Meer der *Wogen wegen wagen.*«

»*Der Schlaraffe.*
Ich möcht' stets was zu schwelgen haben
und mich am *lieben Leben laben.*«

»*Schlemmerschlaf.*
Ein voller Bauch macht Schlemmern Kummer,
es folgt ein *schlimmer Schlemmerschlummer.*«

»*Der Mondsüchtige.*
Ich möchte von Raketenbasen
zum Mond in *Riesenreisen rasen.*«

Der doppelte Vokalreim (Vokalreim in jeder der beiden Verszeilen) dürfte schwierig sein, doch sind entsprechenden Versuchen keine Grenzen gesetzt. Nicht weniger lustig können die Gleichlautreime sein.

Gleichlautreime
Bei den Gleichlautreimen gleichen sich die letzten Wörter der Versreihe, aber jedes dieser Wörter hat einen anderen Sinn. Auch hier mögen einige Beispiele dies erläutern.

»*Der Vorsichtige.*
Um keinen Schaden zu erleiden,
werd' stets ich lose *Maiden meiden.*«

»*Der Kreuzworträtselrater.*
Ich werde tun, was and're taten,
und Rätsel nur in *Raten raten.*«

»*Glocken.*
Ich höre Glockenklang erschallen
und durch die Kirchen*hallen hallen.*«

Bisweilen lassen sich in einem Vers sogar drei gleichlautende Wörter anbringen:

»Gesundheitlich sich aufzuladen,
geht man in *Baden-Baden baden.*«

Ja, auch Doppelgleichwortverse (Gleichwortreime in jeder der beiden Verszeilen) sind möglich:

»*Überflüssig.*
Man soll nicht gar Gold noch den *Reichen reichen*
und soll nicht vor Feigen und *Weichen weichen.*«

Im übrigen kommt es natürlich in solchen Fällen weniger auf den Reim als auf einen lustigen Inhalt an.
Hier soll abschließend noch eine Reimart erwähnt werden, die eigentlich *kein* Reim in diesem Sinne ist:

Der *Stabreim.* Will man eine besonders wuchtige Wirkung erzielen, so empfiehlt sich der Rückgriff auf den altgermanischen Stabreim, d. h. die Verwendung von Wörtern mit dem gleichen Anfangsmitlaut. Man denke an Luthers »Wehr und Waffen« oder an Verse von Börries von Münchhausen: »... und *f*ocht wohl in *v*ierzig Ge*f*echten.« Nur nebenbei sei bemerkt, daß die in der Dichtung Alliteration genannte Wiederholung der Mitlaute im Anfang verschiedener Wörter sich ja bis heute auch in vielen Ausdrücken des täglichen Lebens erhalten hat (Geld und Gut, Kind und Kegel, Wind und Wetter, usw.). Für den Hausgebrauch ist der Stabreim beim Verseschmieden – von den oben erwähnten Ausnahmen abgesehen – in der Regel wenig verwertbar, für einen Werbevers kann er als besonders einprägsam vielleicht ausnahmsweise dann und wann in Frage kommen.

Der Vers

Allgemeines

Und jetzt der richtige Vers!
Viele scheinen, wenn sie Verse schmieden, zu glauben, es entstehe bereits ein Vers, wenn sie dem Reimwort die Worte, die ihre Gedanken ausdrücken sollen, ungezwungen in alltäglicher Redeweise vorausschicken.
Natürlich entsteht so ein Vers, aber in der Regel kein *richtiger Vers,* vielmehr wird ein solcher Vers in unseren Ohren klingen wie das Vorbeifahren eines Wagens mit eisenbereiften Rädern auf einem Knüppeldamm, nicht wie ein

glattes Vorbeigleiten eines gummibereiften Fahrzeugs auf einer Asphaltstraße, auch nicht wie das rhythmische Geräusch eines vorbeifahrenden Schienenfahrzeugs.
Solche ungehobelten Verse, die bei einem Empfänger mit dem nötigen Sprachgefühl wieder ein »Au!« hervorrufen werden, sind sogenannte »Knittelverse«, d. h. Verse, in denen sich Wort an Wort ohne Rücksicht auf die Betonung und die Silbenzahl anreiht.
Dabei sind die Knittelverse, auch »Knüppelverse« genannt (die Verse laufen gewissermaßen über einen Knüppeldamm), in der Dichtung einmal durchaus anerkannt gewesen. Im Zusammenhang mit ihnen wird oft Hans Sachs erwähnt, der »dichtende Schuhmacher« (1494–1576), der aber insofern nicht ganz zu Recht in diese Dichterkategorie eingereiht wird, als er die Silben abgezählt hat. Aber auch Goethe hat im »Faust«, Schiller in »Wallensteins Lager« diese oft knorrig klingenden Verse bewußt verwandt. Für unsere Zwecke sollte man sie aber beiseitelassen.
Aus dem Gesagten ergibt sich bereits, wie sich der richtige Vers vom Knittelvers unterscheidet. Der Unterschied besteht im wesentlichen in zweierlei:

a) in der rhythmischen Betonung der Silben bzw. Wörter,
b) in der begrenzten Zahl der Silben bzw. Wörter in einer Versreihe.

Der Versfuß

Das Wesen des Versfußes

Der Versfuß ist für manchen Verseschmied geradezu ein Pferdefuß.
Über die Regeln für den vorschriftsmäßigen Aufbau von Versen (Metrik) hat die Wissenschaft in der ihr eigenen Gründlichkeit schon fast eine Bibliothek zusammengetragen, indem sie bisher erschienene Dichtungen auf ihren Aufbau untersucht, einteilt und die verschiedenen Formen mit besonderem Namen belegt. Hierauf näher einzugehen wäre für unseren Zweck des »Hausgebrauchs« unnötig und verwirrend.
Bevor wir auf das, was bei Gestaltung der Verse, der richtigen Verse, auch in der allgemenen Verspraxis beachtet werden muß, eingehen, sollen aber auch hier einige Begriffe klargestellt werden. Denn auch hier werden oft Wörter verwandt, unter denen man Verschiedenes verstehen kann und mit denen oft auch Verschiedenes gemeint ist.
Da ist zunächst der Begriff des *Versmaßes.* Das Versmaß ist das deutsche Wort für das lateinische »Metrum«. Das Versmaß bestimmt sich nach der Art des im Verse verwandten *Versfußes.* Unter Versfuß versteht man die Art der sich regelmäßig wiederholenden Betonung bei zwei oder drei Silben oder Wörtern in

einer Verszeile. In der Verslehre wird allerdings – und das mit einem gewissen Recht – darauf hingewiesen, daß statt von einer Betonung und einer Nichtbetonung einer Silbe bzw. eines Wortes richtiger von Wörtern und Silben zu sprechen ist, bei deren Aussprache die Stimme länger (Hebung) oder kürzer verweilt (Senkung). Der Einfachheit halber sei hier die nicht ganz korrekte Bezeichnung »betont« und »nicht betont« beibehalten. Auch kann man schließlich die Art der Betonung in einer Versreihe – etwas grob – als »Takt« bezeichnen, was wir hier – auch der Einfachheit halber – tun werden.

Das sich in regelmäßigem, gleichem Takt ausdrückende Versmaß läßt jenen »Rhythmus« entstehen, der in der Regel jeden Vers auszeichnen muß, soll er nicht durch Holprigkeit abschrecken, sondern sich harmonisch einprägen. Es kommt also darauf an, auf eine gewisse Zahl von Silben (Wörtern) die Betonung so zu verteilen, daß eben jener Rhythmus entsteht.

Ein solcher Rhythmus beherrscht unsere Alltagssprache natürlich nicht. Es würde seltsam klingen, wenn wir immer in einem bestimmten Tonfall sprechen würden. Wir sprechen in der Prosa »wie uns der Schnabel gewachsen ist«, in einem Satze meistens nur wenige Wörter besonders betonend. In der Verslehre ist man verschiedener Ansicht darüber, ob eine mehr oder weniger rhythmisch betonte Alltagssprache in die Versbetonung zu übernehmen ist. Dagegen spricht, daß dann die Sprache etwas Leierhaftes annehmen würde. Wir nehmen als Beispiel auch hier wieder einmal einen Vers aus »Max und Moritz«:

»Warum müssen auch die Beiden
Löcher in die Säcke schneiden!«

Während in der Alltagssprache hier eine unregelmäßige Betonung Platz greift, wird auch dieser Vers in einer rhythmischen Betonung beim Vorlesen ausgesprochen, wobei der Ton teilweise auch auf das Wort »in« fällt. Dem Leser und Hörer fällt das nicht besonders auf. Wer Verse liest, erkennt schnell den Rhythmus, in dem sie geschrieben sind, und liest dann in diesem Rhythmus weiter, auch wenn hier und dort der Takt bzw. der Ton oder die Hebung auf ein Wort fällt, das wir in der Alltagssprache nicht hervorheben würden.

Ausgangspunkt ist beim Versfuß, wie gesagt, die Zusammenfassung von je zwei oder drei Silben, bei denen sich die Betonung wiederholt. Die Betonung kann bei der Zusammenfassung von je zwei Silben auf der ersten oder der zweiten Silbe liegen, bei der Zusammenfassung von drei Silben natürlich auch auf der dritten. (Den Silben stehen natürlich einsilbige Wörter gleich. Sprechen wir der Einfachheit halber nur von Silben!)

Betrachten wir zunächst den Versfuß bei einer Zusammenfassung von je 2 Silben! Hier gibt es also die Möglichkeit, daß der Ton entweder auf der ersten oder auf der zweiten Silbe liegt.

Die Arten des Versfußes

Der Ersttakt

Liegt der Ton auf der ersten Silbe, so wird dieser Versfuß in der Verslehre Trochäus genannt. Wir wollen diesen Versfuß einmal mit einer deutschen Bezeichnung belegen und wählen, weil der Takt auf der ersten Silbe liegt, die Bezeichnung »Ersttakt«.
Als Beispiel wieder aus »Max und Moritz«:

»Ach, was muß man oft von bösen ...«

Man kann diese Betonung wie überhaupt die verschiedenen Arten der Betonung in einem Schaubild darstellen, wobei man die betonte Silbe mit ´—, die Unbetonte mit — kennzeichnet.

»Ach, was muß man oft von bösen ...«
´— — ´— — ´— — ´— —

Die Versreihe kann mit einer betonten, aber auch mit einer unbetonten Silbe auslaufen.
Ein Beispiel für das Auslaufen mit einer betonten Silbe:

»Aber wenn er dies erfuhr.«
´— — ´— — ´— — ´—

Der Zweittakt

Anders ist es, wenn der Ton auf der zweiten Silbe liegt. Dieser Versfuß wird in der Verslehre »Jambus« genannt. Wir wollen auch hier diese Bezeichnung durch eine deutsche ersetzen: »Zweittakt«.
Als Beispiel wählen wir hier ein altes Studentenlied:

»Oh alte Burschenherrlichkeit ...«
— ´— — ´— — ´— — ´—

Auch hier kann die Versreihe mit einer betonten Silbe abschließen, aber auch mit einer unbetonten:

»Wohin bist du entschwunden?!«
— ´— — ´— — ´— —

Und nun die Betonung bei einer Zusammenfassung von je drei Silben. Hier kann die Betonung auf der ersten, der zweiten oder der dritten Silbe liegen.

Der Erstdritteltakt

Liegt hier der Ton auf der ersten der drei Silben, so nennt man diesen Versfuß in der Verslehre »Dactylus«; natürlich ist es schwer, hierfür ein deutsches Wort zu finden. Da die Betonung auf dem ersten Drittel des Wortes bzw. der ersten von drei Silben liegt, nehmen wir die Bezeichnung »Erstdritteltakt«.
Ein Beispiel:

»Reich mir zum Abschied noch einmal die Hände.«
´— — — ´— — — ´— — — ´— —

Die Verszeile endet mit einer betonten Silbe oder mit einer unbetonten, hier mit einer unbetonten. Als Beispiel für das Ende mit einer betonten Silbe:

»Psalter und Harfe, wacht auf.«
— — — — — — —

Der Mitteltakt

Liegt bei drei Silben die Betonung auf der mittleren Silbe, so kann man diesen Versfuß, der in der Verslehre »Amphibrach« genannt wird, mit der deutschen Bezeichnung »Mitteltakt« belegen.
Als Beispiel:

»Es kann ja nicht immer so bleiben,
— — — — — — — — —

hier unter dem wechselnden Mond.«
— — — — — — — —

Die Versreihe kann mit einem unbetonten Wort enden (1. Versreihe) oder mit einem betonten (2. Versreihe).

Der Drittakt

Liegt der Ton auf der dritten Silbe, so spricht man in der Verslehre von »Anapäst«. Wir wollen diesen Versfuß, da der Takt auf der dritten Silbe liegt, mit dem deutschen Namen »Drittakt« bezeichnen.
Und nun auch hier wieder ein Beispiel:

»Wenn der Mops mit der Wurst über'n
— — — — — — — —

Spucknapf springt!«
— — —

Die letzte Silbe kann, wie in diesem Beispiel, unbetont sein. Die Versreihe kann aber auch mit einer betonten Silbe enden wie in der Versreihe:

»Immer 'rin, immer 'rin in die Heilsarmee!«

Deutlich wahrnehmbar ist in allen diesen Fällen ein die Versreihe beherrschender Rhythmus.
Nur am Rande soll hier eine kleine Merkwürdigkeit erwähnt werden. Wie wir sahen, kann eine Versreihe mit einer betonten oder einer unbetonten Silbe enden. Es hat sich nun in der Verslehre der merkwürdige Brauch entwickelt, die mit einer betonten Silbe endende Verszeile eine »männliche«, die mit einer unbetonten Silbe endende eine »weibliche« zu nennen. Weshalb, das weiß der Himmel! Manche meinen, weil die mit einer betonten Silbe endende Verszeile viel »männlicher« klingt als die mit einer unbetonten Silbe endende.

Umwandlung des Versfußes

Haben wir nun die verschiedenen Versfüße uns eingeprägt – die Verslehre hat noch weitere herausgefunden, von denen wir hier aber absehen können und wollen –, so ist doch eine besondere Eigenart dieser Versfüße festzustellen, nämlich daß sie trotz ihrer Verschiedenheit sehr leicht von einem Versfuß in einen anderen – Simsalabim! – umgewandelt werden können, und zwar ganz einfach nur durch Einschaltung einer Silbe oder Fortlassung einer Silbe in jeder Versreihe. Vielleicht ist das Ganze nur eine gewisse amüsante Wortspielerei, aber sie zeigt doch eine Verwandtschaft all der verschiedenen Versfüße. So entsteht aus dem Ersttakter durch nur eine geringe Änderung ein Zweittakter; z. B. verwandelt sich der im Ersttakt gehaltene Vers

»Máx und Móritz, díese béiden,
móchten iȟn darúm nicht léiden«,

in einen Zweittakter, wenn man jeder Versreihe nur eine Silbe vorschaltet:

»doch Máx und Móritz, díese béiden,
die móchten iȟn deshálb nicht léiden.«

Selbst – wie man zu sagen pflegt – ein »Blinder mit dem Krückstock« fühlt hier, wie im Gegensatz zu dem erstzitierten Vers, bei dem der Ton jeweils auf der ersten Silbe von zwei Silben (Ersttakt) lag, der Ton bei dem zweitzitierten Vers jeweils auf der zweiten Silbe (Zweittakt) liegt.

Und umgekehrt ist eine solche Zauberei natürlich auch möglich. Nehmen wir hier wieder als Beispiel:

»Oh álte Búrschenhérrlichkéit ...«,

eine Verszeile, bei der der Ton deutlich jeweils auf der zweiten Silbe liegt. Nehmen wir jetzt die erste Silbe weg, so lautet die Verszeile

»Álte Búrschenhérrlichkéit ...«,

und bei dieser Verszeile liegt jetzt der Ton jeweils auf der ersten von zwei Silben. Es ist also aus dem Zweittakt durch diese einfache Änderung ein Ersttakt entstanden.

Und ähnliche Zauberkünste lassen sich auch mit den anderen Versfüßen anstellen. Vielleicht ist es auch gerade diese Verwandtschaft der Versfüße untereinander, die unter Umständen einen Wechsel des Versfußes in einer Strophe oder sogar in einer Verszeile zuläßt.

Wechsel im Versfuß

Den einmal gewählten Versfuß sollte man in der Regel beibehalten, weil sonst die Verse leicht holperig werden können. Zu vermeiden ist beispielsweise in der Regel ein Wechsel in der gleichen Verszeile vom Ersttakt auf den Zweittakt

und umgekehrt. Übrigens läßt sich ein solcher Wechsel meist leicht durch eine Umstellung der Worte vermeiden.
So heißt es in einem »Gedicht«:

»Auf den Entschluß folgte die Tat.
Er rief die Tageszeitung an
und brachte mittels Inserat
und Glück den Wagen an den Mann.«

Man sieht: Die drei letzten Zeilen sind einwandfrei im Zweittakt gehalten, und auch die Reime sind in Ordnung. Aber jedem Leser muß die erste Zeile irgendwie aufstoßen, sie »holpert«. Es fehlt die konsequente Durchführung des Versmaßes.
Eine kleine Umstellung in dieser ersten Zeile, und das Versmaß ist gerettet. Man muß diese Verszeile nur ersetzen durch die folgende:

»Es folgte dem Entschluß die Tat«,

und schon ist alles mit dem Versmaß in Ordnung.
Ein anderes Beispiel. Da liest man:

»Er ist mein Freund zu jeder Zeit,
stets ist er sofort startbereit.«

Das Versmaß wäre hier nur gewahrt, wenn man in der zweiten Zeile bei dem Wort »sofort« die Silbe »so« betonen würde, tatsächlich liegt ja aber im allgemeinen Sprachgebrauch der Ton auf der Silbe »fort«.
Eine einfache Umstellung in der zweiten Versreihe hilft auch hier:

»Stets ist sofort er startbereit.«

Dann liegt auch hier der Ton wie in der ersten Zeile jeweils auf der zweiten Silbe (Zweittakt).
Oder es wird da gereimt:

»Und ist die Fahrt auch noch so weit
Und ob zu fünf oder zu zweit . . .«.

Die erste Zeile ist einwandfrei im Zweittakt gehalten, die zweite Zeile »holpert«. Eine kleine Umstellung in der zweiten Zeile:

»Und ob zu fünfen oder zweit.«

Jetzt ist auch die zweite Zeile einwandfrei im Zweittakt gehalten.
Ein Wechsel des Versfußes nicht im gleichen Verse, sondern im nächsten mag schon eher akzeptiert werden. Aber auch Wilhelm Busch hat in seinen ziemlich selbständig wirkenden Zweizeilern den einmal gewählten Versfuß (Erst-takt) bis zum Schluß beibehalten.
Entscheidend ist natürlich, ob man ein entsprechendes Sprachgefühl hat. Der eine wird den Wechsel im Versmaß als unangenehm empfinden, der andere

nicht. Am ehesten verträglich ist eine Abweichung in einem im Erstdritteltakt gehaltenen Vers. Solche Änderungen findet man häufig in den Balladen, wobei die Abweichung dem Gedicht etwas Wuchtiges und Klirrendes gibt. Ein Beispiel für ein solches gemischtes Versmaß findet sich bei Börries von Münchhausen in dem schon teilweise zitierten Gedicht

»Er war in des Kaisers Heere Obrist
— —́ — — —́ — —́ — — —́

und focht wohl in vierzig Gefechten.«
— —́ — — —́ — — —́

Hier zeigt sich ein Wechsel zwischen Zweittakt und Erstdritteltakt. Der Vers wirkt besonders knorrig, wozu noch die oben erwähnte Alliteration kommt. Solche Abweichungen haben in Gestalt der Knittelverse oder des sogenannten »freien Rhythmus«, wie erwähnt, in ihrer Zeit und sogar bis heute große Dichter gefunden.

Für Gelegenheits-, Hobby- und Werbeverse sollte man aber solche Abweichungen und solche Wechsel lieber vermeiden. Anders ist es bei einem Wechsel des Versmaßes in den verschiedenen *Strophen.* Auch Goethe hat hier bisweilen einen Wechsel nicht gescheut. Ja, Goethe wechselt sogar hier und dort den Versfuß in der gleichen Verszeile, ohne dabei unser Gefühl für Rhythmus zu verletzen (wie in dem obigen Beispiel in den Versen von Börries von Münchhausen):

»Es war ein König in Thule«.
— —́ — —́ — — —́ –

Hier springt also der Versfuß vom Zweittakt in den Mitteltakt über.

»gar treu bis in den Tod«.
— —́ — —́ — —́

Hier herrscht allein der Zweittakt

»dem sterbend seine Buhle«.
— —́ — —́ — —́ –

Auch hier herrscht allein der Zweittakt,

»einen goldnen Becher gab«.
— — —́ — —́ — —́

Diese Zeile beginnt mit dem Drittakt, wenn man das Gedicht in dem gleichen Rhythmus weiterspricht (also in der letzten Zeile nicht die Silbe »ei«, sondern die Silbe »gold« betont). Es folgen dann zwei Zweittakte.

Trotz dieses Versfußwechsels lassen uns unser Sprachgefühl und Gefühl für Rhythmus diese Verse durchaus flüssig erscheinen.

Man sieht also: Für einen Wechsel im Versfuß kommt es letzten Endes ausschlaggebend auf das Sprachgefühl an. Da aber viele Menschen offensichtlich solches Sprachgefühl *nicht* haben, bleibt hier Zurückhaltung stets geboten.

Die Versfolge

Eine besondere Vielfalt gibt es in der Versfolge oder richtiger gesagt in der Folge der Verszeilen. Die Verslehre hat hier die verschiedenen Möglichkeiten an Hand der Dichtungen zusammengestellt und ihnen sogar auch besondere Namen gegeben.

Die in der Praxis, im Hausgebrauch und in der Werbung häufigste Versfolge ist die, daß der ersten Verszeile gleich die zweite, die sich auf die erstere reimt, folgt.

Man tut vielleicht gut, die Systeme wieder bildlich darzustellen, indem man die sich reimenden Verszeilen jeweils mit einem gleichen Buchstaben bezeichnet. Das würde hier folgendes Bild geben:

a
a
b
b
c
c usw.

Ein typisches Beispiel für solche Versfolgen liefert auch hier wieder »Max und Moritz«. Da der Vers jeweils in einem Paar sich reimender Verszeilen besteht, kann man einen solchen Vers den *Paarvers* oder *Paarreim* nennen.

Nun kann man – und das ist fast ebensooft anzutreffen – die sich reimenden Verszeilen mischen. Das sieht dann so aus:

a
b
a
b

Diese Versfolge findet sich beispielsweise in dem Lied »Ich weiß nicht, was soll es bedeuten«:

»Ich weiß nicht, was soll es bedeuten,
daß ich so traurig bin.
Ein Märchen aus uralten Zeiten,
das kommt mir nicht aus dem Sinn.«

Hier reimt sich auf die erste Versreihe die dritte und auf die zweite Versreihe die vierte.

Da die sich reimenden Verszeilen sich kreuzen, kann man hier von einem *Kreuzvers* oder *Kreuzreim* sprechen. Diese Versfolge findet sich oft in Volksliedern.

Oder man wählt die nachstehende Versfolge, bei der zwei sich reimende Verszeilen von zwei anderen sich reimenden Verszeilen umklammert werden. Hier möge als Beispiel ein Gedicht von Heinrich Zillich über den November dienen:

»Der Herbst zieht seine Nebel regenschwer
durchs spröde Braun der starren Wälder
und schwemmt ihr Laub ins Bett der Felder
und schwemmt die schweren Nebel her.«

Die beiden Verszeilen a a klammern die beiden Verszeilen b b ein. Man kann diese Versfolge daher *Klammerverse* oder *Klammerreime* nennen.
Dieser Versfolge werden bisweilen zwei sich reimende Verszeilen (Paarverse) vorgeschickt, so in dem Gedicht »Ecce homo« von Friedrich Nietzsche:

»Ja, ich weiß, woher ich stamme!
Ungesättigt gleich der Flamme
glühe und verzehr' ich mich.
Licht wie alles, was ich fasse,
Kohle alles, was ich lasse:
Flamme bin ich sicherlich.«

Noch abwechslungsreicher wird die Versfolge bei drei Versen (also sechs Verszeilen) oder bei drei sich reimenden Verszeilen; ein dreifacher Reim wirkt immer besonders eindrucksvoll.
Das gilt auch von der nachstehenden Versfolge:

a
b
a
b
c
c
b

Als Beispiel diene hier das bekannte Volkslied von Emanuel Geibel:

»Wer recht in Freuden wandern will,
der geh' der Sonn' entgegen;
da ist der Wald so kirchenstill,
kein Lüftchen mag sich regen.
Noch sind nicht die Lerchen wach,
nur im hohen Gras der Bach
singt leise den Morgensegen.«

(Der sich wandelnde Versfuß wird auch hier wieder durch die Singweise überbrückt.) Noch ansprechender sind Verse, die durch drei hintereinander folgende sich reimende Verszeilen überraschen:

a
a
b
c
c
c
b

Hierfür gibt das alte Studentenlied ein typisches Beispiel:

»Was die Welt morgen bringt,
ob sie mir Sorgen bringt,
Leid oder Freud?
Komme, was kommen mag,
Sonnenschein, Wetterschlag,
morgen ist auch ein Tag,
heute ist heut'!«

Alle diese Beispiele lassen die Vielfalt in der Gestaltung der Versfolgen erkennen. Es gibt natürlich noch viele andere Arten und Möglichkeiten der Versfolgen. Hier möge jeder seine Fantasie und seinen Einfallsreichtum frei walten lassen.

Die Verslänge

Aber nicht nur der richtige Reim und die Beachtung des Versmaßes bestimmen den richtigen Vers. Wichtig ist auch die richtige Verslänge. Dabei sollte man auf zweierlei achten:

1. Eine Versreihe sollte nicht zu lang sein. Schließlich wollen wir Verse für den Hausgebrauch oder für die Werbung und nicht ein Epos mit Versen in epischer Länge und auch keine Ballade. Gerade Balladen zeigen oft eine ungewöhnliche Länge der Versreihen. Bei Lichte betrachtet lösen sich diese langen Versreihen meistens in der Weise auf, daß eigentlich jede Verszeile in zwei Verszeilen zerlegt werden kann. Ein kleines Beispiel gibt der Vers aus der Ballade »Siegeslied der Deutschen bei Einzug in Mailand unter Barbarossa« von Felix Dahn. Man zerlege die langen Versreihen entsprechend den hier eingefügten Zäsurstrichen.

»Nun lasset die Posaunen tönen, / nun breitet froh die Fahnen aus, / laßt durch Lombardenlüfte dröhnen / des Deutschen Siegesjubelbraus! /«

Hier könnte man ebensogut statt der vier Zeilen ein Gedicht mit acht Zeilen wählen. Natürlich ist es auch möglich, daß die Einzelteile, in die man die lange Versreihe zerlegt, sich nicht reimen, aber auch dann könnte man das Gleiche tun, nur daß sich dann hier und dort die Verszeilen nicht reimen.
Man sollte in der Regel Verszeilen im Ersttakt oder Zweittakt auf höchstens acht Silben (Viertakte) pro Verszeile beschränken.
2. Je kürzer die Verszeile ist, desto prägnanter pflegt sie im allgemeinen zu wirken, desto schwieriger ist aber natürlich dann auch der Reim.
Als dritte Regel könnte man noch hinzufügen, daß im allgemeinen die Verszeilen gleich lang sein sollten. Ausnahmen bestätigen natürlich auch hier die Regel. So kann eine plötzlich abschließende, ganz kurze Verszeile, besonders bei Scherzversen, oft überraschend und keck wirken. Beispiele sind oben angeführt.

Die Liederverse im besonderen

Über die Besonderheit der Liederverse ist schon oben Einiges gesagt worden. Sie spielen dann eine besondere Rolle, wenn die Verse zum Beispiel an einem Polterabend oder überhaupt bei einem Familienfest gesungen werden sollen. Bei Versen, die gesungen werden sollen, ist doppelt sorgfältig auf die Einhaltung des Versmaßes und die Silbenzahl in jeder Strophe zu achten, sonst gibt es Schwierigkeiten beim Singen. In der Regel wird die Singweise es erfordern, daß die Versreihen gleich lang sind und in den Strophen die gleiche Zahl der Versreihen sich wiederholt. Manchmal kann allerdings die Singweise den Versrhythmus, wie schon oben gezeigt, überbrücken.

Vermeidung von Unschönheiten bei der Versgestaltung

Hier seien noch einige Besonderheiten darüber eingefügt, wie man häufig anzutreffende Unschönheiten bei der Versgestaltung vermeiden kann:

Fortlassen von Silben
Es ist zwar allgemein üblich, daß man Buchstaben, ja Silben, die in das Versmaß nicht hineinpassen, weil sie das Versmaß stören würden, einfach wegläßt

und die Weglassung notfalls durch einen Apostroph kennzeichnet, wie dies besonders in Volksliedern und Kirchengesängen üblich ist.

»Ein' feste Burg ist unser Gott,
ein' gute Wehr und Waffen.«

Man sollte hier aber nicht übertreiben, und bisweilen läßt sich auch die Streichung oder richtiger der Wegfall einfach durch eine Umstellung der Wörter vermeiden. Man läuft sonst Gefahr, daß von der ganzen Verszeile schließlich nur ein Trümmerfeld übrigbleibt.

Das Notwort »tun«

Vermeiden sollte man noch etwas anderes: Häufig wird beim Verseschmieden die Grundform (der Infinitiv) eines Zeitwortes wegen der besseren Reimmöglichkeit bevorzugt (geben, leben, streben, heben usw.). Um dies zu erreichen, ist die Versuchung groß, mit dem Worte »tun« zu operieren: Er »tut« es geben, er »tut« es haben. Ein begeisterter Autofahrer »dichtet«:

»Ob zu Sommer- oder Winterfahrten,
immer tat er willig starten.«

Warum nicht einfach in der zweiten Zeile:

»stets pflegte willig er zu starten.«

Schon ist das unschöne »tut« vermieden.

Schließlich sind wir ja keine Engländer, in deren Sprache ja das »tun« – »to do« – üblich ist.

Der Scherzvers

Etwas Lustiges wirkt erfahrungsgemäß in Versform besonders lustig. Von den Scherz*reimen* wurde oben schon gesprochen. Die Wirkung hängt hier – abgesehen von einem etwaigen Scherzreim – natürlich von dem humorigen Inhalt ab.

Eine besonders lustige Wirkung haben immer Verse, in denen pathetisch eine absolute Selbstverständlichkeit vermeldet wird. Ein Meister war auch hier wieder Wilhelm Busch, der die überraschende Neuigkeit mitteilt, daß »die Gams im Freien übernachtet« und »der Löwe brüllt, wenn er nicht schweigt«. Hier kommt es eben ausschlaggebend auf den lustigen Einfall an.

Zu einer besonderen »Berühmtheit« haben es die bekannten Klapphornverse gebracht: »Zwei Knaben gingen durch das Korn, der eine blies das Klappenhorn ...«. Wir denken hier auch an die lustigen Verse von »Herrn Pastor sin Kauh«. Solche Verse sind schnell volkstümlich geworden.

Für Scherzverse eignet sich auch oft der Gebrauch von Wörtern mit verschiedener Bedeutung, z. B. das Wort »ausgehen«:

»Er seufzt in seinem Schmerze:
Ach, wär' ich doch ein Licht!
Ausgeh'n darf nur die Kerze,
ein Ehemann darf's nicht.«

Oder das Wort »Ausschuß«:

»Nicht immer zu den Besten zählt,
wem Wähler ihre Stimmen leih'n.
Der *Ausschuß*, den man jüngst gewählt,
scheint wahrer Ausschuß mir zu sein.«

Hierher gehört auch das Wort »Verfahren«:

»*Verfahren* nennt man oftmals nur
behördliches Gebaren,
weil die Verfahrensprozedur
im wahrsten Sinn verfahren.«

Und schließlich noch ein Beispiel aus neuester Zeit, das sich auf die Doppelsinnigkeit des Wortes »unterhalten« bezieht:

»Heut läßt sich Scheidung nur gestalten,
wenn erst geregelt wird das Geld.
Man muß zunächst sich *unterhalten*,
wer wen in Zukunft unterhält.«

Hier sei auch auf das oben schon erwähnte Wort »Diät« hingewiesen.

Recht lustig wirkt auch ein Vers, in dem man von der Eigenart der deutschen Sprache Gebrauch macht, daß ein Wort durch Austausch der Vorsilbe einen ganz anderen Sinn erhält:

»Ein Einbruch pflegt meist so zu sein:
Der Gauner schlägt ein Fenster ein,
klaut und enteilt im schnellsten Trab;
die Polizei schreibt kurz und knapp:
Er haute *ein* und haute *ab*.«

Eine andere oft lustige Wirkung hat die verschiedene Betonung des gleichen Wortes. Nehmen wir beispielsweise die Wörter »um*fahren*« und »*um*fahren«:

»Den Polizisten in der Stadt,
der den Verkehr zu regeln hat,
um*fahre* man mit kühlem Mut,
ihn *um*zufahren tut nicht gut.«

Ein anderes Beispiel gibt das Wort »wiederholen«:

»Manch alter Mensch denkt ganz verstohlen,
wenn er von alten Zeiten spricht:
Ich möcht' mein Leben *wieder*holen,
doch wieder*holen* würd' ich's nicht!«

Gelegenheitsverse (Beispiele und Anregungen)

Geburtstagsglückwünsche

Glückwünsche im allgemeinen

Geburtstag ist ein lustig Ding,
doch wenn schon oft man ihn beging
und dann die Gäste Reden halten,
höchst feierlich und inhaltsschwer,
legt selbst man sein Gesicht in Falten
und wünscht, daß man noch jünger wär'!

Jedoch es schützt vor Alterssorgen
ja Gott sei Dank manch Mittel auch.
Am besten ist, man gießt am Morgen
sich gleich ein Schnäpschen in den Bauch.
Das stimmt schon früh uns höchst vergnüglich,
so daß der Tag voll Schwung verläuft,
ein Mittel, welches ganz vorzüglich,
wenn Schnaps man nicht in Massen säuft.

Ich hoff', daß das »Anbei« Euch munde
(es kommt bestimmt Euch »geistvoll« vor!)
in fröhlicher Geburtstagsrunde,
ich rufe: »prost!« und »gratulor!«

Das Leben geht in Wellenschlag,
bald stimmt's uns trüb, bald munter,
bald leuchtet's wie der helle Tag,
bald haut's uns eine runter.

Ganz gleich, ob Dir die Sonne lacht,
ob Wellen Dich umtoben,
mach' stets es, wie's der Korken macht,
dann schwimmst Du immer oben.

Ich wünsch' Dir, daß Du immerdar
mögst äußerst fleißig trimmen
in Deinem neuen Lebensjahr
auf stetes Korkenschwimmen!

Von den Pilzen allerorten
gibt es drei verschied'ne Sorten:

Einer ist im ganzen Land
als der Stopfpilz *wohlbekannt,*
für das Stopfen unentbehrlich,
weil dies ohne ihn beschwerlich.

Zweitens wächst in Wald und Flur,
was ein Pilz schon von Natur.
Mancher stimmt uns höchst vergnüglich,
denn er schmeckt uns ganz vorzüglich.
Mancher sich in Gift verwandelt,
wenn man diesen falsch behandelt.
Mancher wie ein Röslein winkt,
mancher wied'rum gräßlich stinkt.

Drittens gibt es eine Sorte,
die beliebt an jedem Orte:
Glücklich preist man Frau und Mann,
die man Glückspilz *nennen kann.*
Mög' auch Ihnen in den Jahren,
die nun folgen, widerfahren
stets nur Segen, Glück und Frieden;
und wenn ihnen dies beschieden,
wird es unvermeidlich sein,
Sie als Glückspilz einzureih'n
hier und dort und allerorten.
Solches wünscht mit diesen Worten:
. . .

Glückwünsche für besondere Fälle

Glückwunsch für einen jungen Menschen

In Deinem Alter ist man noch jung
und voller Schwung,
und wenn man versteht,
was geht und nicht geht,
und wenn man gescheit ist
und stets bereit ist,
auch anderer Lehren
sich anzuhören,
selbst wenn sie mal allen
nicht recht gefallen,
und wenn man bewiesen,
daß selbst in oft miesen
und schwierigen Lagen
man weiß zu sagen,
was nun einmal wahr ist,
verständlich und klar ist,
und dann man auch wagt,
was mutig man sagt,
dann kann man sich stellen
den schwierigsten Fällen.
Wenn das Du geschafft hast
und weiter die Kraft hast,
das Glück zu erraffen,
wie immer es war,
wirst Du es auch schaffen
im neuen Jahr.
Herzlichen Glückwunsch!

Glückwunsch für einen Teenager

Jetzt wirst Du dreizehn, kleiner Falter,
und es erscheint in diesem Alter
zum ersten Male jetzt die »Zehn«.
Das wird auch noch so weitergeh'n.
Das ist ein Alter, das man dann
»Tennager«-Alter nennen kann.

Du lebst gewisse Jahre lang
in einer Art von Übergang,
wobei das kindliche Gebaren
meist endet noch vor sechzehn Jahren,
und diese Jahre mit der Zehn
dann praktisch schon zu Ende geh'n.
Wann diese Zeit auch enden mag,
ihr Anfang ist der heut'ge Tag.
Wie Deine Kindheit glücklich war,
so werden wir Dir jedes Jahr,
auch in den Jahren ohne »Zehn«
getreulich stets zur Seite steh'n,
bis eines Tages uns dann flink
entfliegt der kleine Schmetterling.

Glückwunsch zum 50. Geburtstag

Es reibt die Augen sich verwundert
der Mensch, wird ihm so langsam klar,
daß nunmehr schon ein Halbjahrhundert
er Gast auf dieser Erde war!
Die Frage pflegt ihn zu betrüben:
Verflucht! Wo ist die Zeit geblieben?

Doch welch' ein Glück: Vor hundert Jahren,
wenn tüchtig er sich abgerackst,
da mußte jeder Mensch erfahren,
daß er schon reichlich angeknackst.
Er war zwar noch kein alter Mann,
doch deutlich fing das Altern an.

Heut aber kann der Mensch erwarten,
daß er als jugendlicher Mann
in Gottes schönem Erdengarten
noch viele Jahre wandern kann.
Er merkt, welch' Kräfte er noch hat.
Das Altern findet noch nicht statt.

Er sieht, daß ja auf dieser Erden
das Jünglingsein noch lange währt,
wie alt die Menschen heute werden,
gesund, voll Tatkraft, unversehrt.

Man sieht kaum noch, wie jeder weiß,
heut einen richt'gen Mummelgreis.

Und daß auch Ihnen sei beschieden
viel Mut und Kraft von früh bis spät,
daß Sie in Zukunft stets zufrieden
und alles auch nach Wunsch stets geht,
wünscht
. . .

De Tied vergeiht,
de Welt besteiht
un bliwt bestahn,
hol' Du man fast,
Du ollen Knast,
dann schall't all gahn.
(Alter niederdeutscher Spruch)

Ein Wunder begibt sich,
ein Jüngling wird siebzig.
(Telegrafischer Glückwunsch
an ein rüstiges Geburtstagskind zum 70. Geburtstag)

Glückwünsche für ein bejahrtes Geburtstagskind

Ja, ja es läßt sich nicht bestreiten:
So nach und nach und so beizeiten
kommt jeder Mensch mal in die Jahre.
Man merkt es daran, daß die Haare
– das ist uns allen nun mal eigen –
allmählich leider Schimmel zeigen.
So lang die Welt jedoch geneigt
zu glauben, daß nur außen zeigt
der Schimmelansatz sich am Haupt
und dieses selbst man fühlt und glaubt,
so lang man »fit« ist und nicht krankt,
in froher Runde auch mal »tankt«,
so lange kann man ganz zufrieden
mit seinem Schicksal sein hienieden.

Daß dieser Frohmut, dieser Frieden
noch lange Ihnen sei beschieden
und noch manch köstlicher Genuß,
das wünscht mit allerbestem Gruß
. . .

Es läßt sich leider nicht bestreiten,
daß allzu schnell vergeh'n die Zeiten,
auch läßt sich leider nicht verhehlen,
daß viele arge Zeitgenossen
bisweilen uns're Zeit uns stehlen.
Der Mensch erklärt dann arg verdrossen,
wenn eines Tag's er rückwärts schaut:
Man hat mir meine Zeit geklaut!

Denn anders läßt sich nicht erklären
und ist durchaus nicht zu verstehen:
Wie konnte es so kurz nur währen,
bis all die Jahre so vergehen!
Verwundert steht er da und spricht:
»Verdammt noch mal, hier stimmt was nicht!

Man müßt' die Kerle doch versohlen,
die uns die Jahre weggenommen,
sie sind verloren, uns gestohlen,
sie sind abhanden uns gekommen!«
Jedoch es sagt ihm der Instinkt,
daß ihm gewiß manch' Jahr noch winkt.

Daß Euch auch viele Jahre mögen
noch bringen Frohsinn, Glück und Segen,
und daß Ihr, was auch immer kimmt,
vergnügt des Stromes Zeit durchschwimmt,
befreit von Kummer, Sorg' und Plage,
das wünsch' ich Euch an diesem Tage!

Glückwunsch für einen Siebzigjährigen

Mit siebzig fängt beim braven Mann
das Leben erst so richtig an,
und froh durchs Dasein geht er
natürlich auch noch später.

Und kriegt der Mensch mal einen Knuff
und sagt das Schicksal: »Mensch, pass uff!«,
kommt meist er von alleine
schon wieder auf die Beine.
Und schafft er's nicht aus eigner Kraft,
so kommt der Doktor, der es schafft,
und fröhlich zieht er wieder 'raus
aus dem verhaßten Krankenhaus,
das zwar von außen oft ganz schön,
doch schlecht von innen anzuseh'n.

Die Mitwelt ist ganz ohne Zwofel
bisweilen freilich reichlich schofel,
indessen kommt man mit Humor
der bösen Mitwelt stets zuvor.
Ich wünschte nur, daß jeder habe
stets diese große Gottesgabe,
der leider man nicht oft begegnet,
womit indessen Sie gesegnet.

Ich wünsch' dem hohen Jubilar,
daß der Humor noch manches Jahr
so wie bisher ihm bleib' erhalten.
Dann zählt man niemals zu den Alten.
Herzlichen Glückwunsch!

Glückwunsch für eine Siebzigjährige

Wer so wie Du nur drauf bedacht,
stets anderen zu dienen,
dem ist das Leben Tag und Nacht
in hellem Licht erschienen.

Fürsorge war von Anfang an
Dein einziges Bestreben.
Da stand'st als Frau Du Deinen Mann,
Fürsorge war Dein Leben.

Denkst an Dein Leben Du zurück,
muß das schon Glück bedeuten,
hat auch nicht immer nur das Glück
geführt Dich durch die Zeiten.

Du weißt, daß auch in Deinem Leid
wir tief mit Dir empfanden
und Dir grad in der schweren Zeit
des Leids ganz nahe standen.

Und weil Du bist als wahrer Christ
der Tat uns stets erschienen,
so wissen wir: Dein Streben ist,
nur anderen zu dienen.

Wir wissen, daß Dich immer fast
solch Wunsch nur hat begleitet.
Du ahnst nicht, wie Du immer hast
viel Freude schon bereitet.

Der Herrgott lasse über Dir
stets seine Güte walten,
und bleib' Du uns – das wünschen wir –
recht lange noch erhalten!

Glückwunsch für einen Achtzigjährigen

Gibt's jemand, der gedacht sich,
daß dieser Jüngling achtzig?
Denn jeder sagt, der macht sich
so, wie ein Mann der sacht' sich
an »Sechzig« nähern kann. –
Und in das Fäustchen lacht sich
der Mann, der wirklich *achtzig,*
denn keiner sieht's ihm an.
Ich glaub', das werden alle
gewiß in diesem Falle
voll Staunen unterschreiben.
Mög' weiter es so bleiben!

Glückwunsch für einen Fünfundachtzigjährigen

Mit fünfundachtzig Jahren
ist jeder wohl ein Mann,
der mancherlei erfahren
und viel erzählen kann.

Es hat sich viel ergeben
an Unglück und an Glück,
schaut auf sein langes Leben
der Jubilar zurück.

Wir alle aber wissen,
was er wohl selber weiß:
Wir möchten ihn nicht missen
in uns'rem Freundeskreis.

Weshalb soll das nicht werden,
was manchem möglich war:
Auf dieser schönen Erden
zu leben hundert Jahr!

Wir wünschen's heut ihm alle,
der stets ein Freund uns war.
Das wünsch' in diesem Falle
auch ich dem Jubilar!

Glückwunsch zur Konfirmation

Nun ist er da, der große Tag,
der einst so weit noch vor Dir lag.
Du wirst ihn feiern heut mit ihnen,
den Gästen, welche gern erschienen,
weil sie mit Dir in diesen Stunden
sich fühlen innerlich verbunden.

Und nun beginnt – es ist soweit –
ganz langsam eine neue Zeit.
Der Jüngling tritt bald in Erscheinung
mit eignem Wollen, eigner Meinung.
Allmählich wird ein neues Leben
ganz unaufhaltsam Dich umgeben.

Vorbei die Zeit, da Lust und Spiel
des Kindes allerhöchstes Ziel.

Verflogen immer mehr die Träume
der Kindheit, und in neue Räume
trittst Du bald ein, die dann Dein Leben
mit grauer Alltagspflicht umgeben.

Halt' fest an dem, was Dich gelehrt,
halt' Dich der Lieb' und Güte wert,
die Dir daheim stets war beschieden,
halt' fest an Freundschaft und an Frieden,
und laß' vor allem Deinen Glauben
an unser'n Herrgott Dir nicht rauben!

Gott gebe Dir, der Du noch jung,
den Halt, die inn're Festigung,
daß Du als Christ nie mögest schwanken
in Taten, Worten und Gedanken!
Es ruhe stets auf Deinen Wegen
die Gnade Gottes, Gottes Segen!

Glückwunsch zur Geburt des ersten Enkelkindes

Was ist ein Mann, was ist er schon,
*hat er nicht einen Enkel*sohn,
der durch sein Leben unentwegt
den Namen seiner Sippe trägt!
Hat gar auch er – das ist das Schöne –
vielleicht dann später wieder Söhne,
so kann die Welt nach hundert Jahren
noch von dem großen Ahn' erfahren.

Die Omama wird freilich meinen,
daß wenig ihr gewürdigt scheinen
*die Enkel*töchter, *die's im Leben*
ja schließlich gleichfalls pflegt zu geben
und ihre Ahnen auch entzücken
und später Männer sehr beglücken,
dieweil ihr Anblick so erlabend;
doch ist nicht aller Tage Abend,

und schließlich weiß man ja bestimmt,
daß niemand weiß, was später kimmt!
Natürlich freut sich auch der Mann,
wenn später er mal dann und wann
mit Enkeltöchtern tanzen kann,
das dient auch ihm ja zum Gewinne.

Es gratuliert in diesem Sinne
. . .

Glückwunsch zum Muttertag

Es müßte alle Mütter kränken,
wenn ihrer Liebe wir gedenken
allein an einem Tag im Jahr.
Wir Menschenkinder alle sollen
den Müttern Dank und Liebe zollen
in uns'rem Leben immerdar.

Ja, liebe Mutter, mir entquillt
nur tiefste Dankbarkeit dem Herzen.
Umkränzen möcht' ich heut Dein Bild
im Geist mit Blumen und mit Kerzen.

Du hast das Leben mir geschenkt,
mit treuer Liebe mich umgeben,
hast meine Schritte still gelenkt,
Du warst mein guter Geist im Leben.

Wie stets Dir mein Gedenken gilt
auch weiterhin an allen Tagen,
so werde immer ich Dein Bild
in meinem Herzen dankbar tragen.

Beiträge für die Polterabendzeitung

Prolog

Es war ein Tag, an dem ein Paar
befand mit froher Miene,
daß dieser schöne Tag fürwahr
doch recht geeignet schiene,
geeignet, um zu solcher Stund'
die Hände sich zu geben,
auf daß sie einen Ehebund
begründen für das Leben.
Wir alle aber, die mit Freud'
die beiden heut geleiten,
wir wünschen, daß sie allezeit
mag Sonnenschein begleiten!

Mahnung an ein junges Paar

Ihr neigt dazu, in manchen Fällen
so ein'ges auf den Kopf zu stellen.
Doch niemals stellt den süßen Tropf,
den lieben Amor, auf den Kopf!
Sonst wird er Roma, wohl bekannt
als eine Stadt, die Rom genannt.
Wer Rom selbst auf den Kopf noch stellt,
dann einen Mor aus Rom erhält.
Mit »h« geschrieben kommt der Mohr
natürlich Euch bekannter vor.
Packt auch den Neger Ihr beim Schopf
und stellt ihn gleichfalls auf den Kopf,
dann schafft Ihr ohne Überlegen
aus einem braven Neger Regen.
So kann durch Unfug hier auf Erden,
was Liebe war, zu Wasser werden.
Soll Liebe nie sich so verwandeln,
müßt Liebe stets Ihr zart behandeln.

Mahnwort an den jungen Ehemann

Der Sprung jetzt in die Ehe
ist Dir, mein Freund, geglückt,
doch ist, soviel ich sehe,
manch' Mädchenherz geknickt.
Manch' Mädchen wird sich grämen,
denkt weinend sie zurück;
er konnte mich doch nehmen,
entschwunden ist mein Glück!
Du seufzst: Was fing' ich an,
wär' ich ein Muselman!
Doch nein, bleib' nur bescheiden
und meide weit're Maiden,
im Herzen ist allein nur Platz
für einen *wirklich lieben Schatz!*
Doch eins mußt Du bedenken:
die Freiheit ist jetzt aus,
man wird sie stark beschränken,
Du bleibst jetzt brav zu Haus.
Du seufzst in Deinem Schmerze:
Ach wär' ich doch ein Licht!
Ausgehn' darf eine Kerze,
ein Ehemann darf's nicht!
Noch eins: Du magst Dich weiter gut
als Ehemann noch kleiden,
doch als Bekleidungsattribut
mußt Du Pantoffel meiden!
Halt' von Pantoffeln Dich zurück,
sollt' sie so sehr auch drängen,
denn glaub' mir: Solch' Bekleidungsstück
bleibt ewig an Dir hängen!

Glückwünsche zur Hochzeit

Sieht man die Dinge richtig,
sind Pfeile doch sehr wichtig.
Schon Amor schoß bisweilen
von oben her mit Pfeilen,
wobei es dann passierte,
daß Herzen er lädierte.
Die traf er in der Mitten,
und war'n nicht mehr zu kitten.

Bevor man Pulver kannte
und für die Jagd verwandte,
kam noch mit Pfeil und Bogen
der Jäger angezogen.
Auch Tell, der Armbrustschütze,
nahm Pfeile, scharfe, spitze,
und schoß mit Blitzesschnelle
sie Gessler in die Pelle.

Auch hier sind zwei »verschossen«,
ganz ohne Schuß sogar,
und haben dann beschlossen
den Weg zum Traualtar.
Man sieht ja mittlerweile:
Das geht auch ohne Pfeile!

Dort werden dann die Wunden
und auch das junge Paar
höchst fachgerecht »verbunden«
so, wie's schon immer war.
Wir reichen Euch die Hände
und wünschen Glück Euch! – Ende.

Glückwunsch für den jungen Ehemann

»Eins-zwei-drei; im Sauseschritt
läuft die Zeit; wir laufen mit.«

Das hat einmal vor manchen Jahren
ein heit'rer Philosoph gesagt.
Wir alle müssen es erfahren,
ob's uns mißfällt, ob's uns behagt.
Auch Du erkennst: Es ist soweit,
leb' wohl, du Junggesellenzeit!

Du pflegtest immer anzuschauen
des Lebens breiten, schnellen Fluß
mit Heiterkeit und Selbstvertrauen,
vom Wunsche eilend zum Genuß,
den Augenblick sofort erhaschend,
von mancher süßen Blüte naschend.

Ich wünsch' Dir, daß Du alle Tage
Dich glücklich fühlen mögst mit »ihr«
fortan in jeder Lebenslage
und sie auch glücklich fühl' mit »Dir«.
Das höchste Glück, das wir erstreben,
das ist Zufriedenheit im Leben.

Du hast zu Hause stets genossen
Zusammenhalt und Harmonie.
Geht nun zusammen unverdrossen
den Weg zu zweit als »er« und »sie«!
Wenn Lieb' und Güte sich vereinen,
dann wird Euch stets die Sonne scheinen.

Telegrafische Glückwünsche

Dem jungen Paare
viel glückliche Jahre!

Dem jungen Paare allezeit
Gesundheit, Wohlsein, Glück und Freud'!

Dem jungen Paare sei beschieden
ein Leben voller Glück und Frieden!

Es kam, wie es zu kommen schien:
Jetzt hat er sie, und sie hat ihn.
Herzlichen Glückwunsch!

Glück und Segen
allerwegen!

Der Menschheit schönste Erfindung
ist seit alters die Ehegründung.

Durch alle Zeiten
mög' Glück Euch begleiten!

Manch' glückliche Stund'
im Ehebund!

Im Leben zu zweit
sei allezeit
beschieden Euch Glück und Zufriedenheit!

Glückwünsche zur silbernen Hochzeit

Dem Silberpaar
noch manch' glückliches Jahr!
(Telegramm)

Nach fünfundzwanzig Jahren Ehe
da kann man, wie ich bei Euch sehe,
noch gleichen einem jungen Paar.
Ihr werdet auch in diesem Zeichen
die gold'ne Hochzeit noch erreichen,
Ihr werdet schließlich hundert Jahr.
Zwar kann ich's Euch nicht garantieren,
doch – Euch von Herzen gratulieren!

Glückwünsche zur goldenen Hochzeit

Dem goldenen Hochzeitspaare
noch glückliche Jahre!
(Telegramm)

Wie schnell verflogen doch die Jahre,
dünkt's Euch, dem gold'nen Hochzeitspaare,
blickt auf das Leben Ihr zurück.
Nicht immer hat's in Eurem Leben
nur lichten Sonnenschein gegeben,
doch auch Zufriedenheit und Glück.
Es mög' vereint Euch durch die Zeiten
auch weiter Gottes Güte leiten!

Wohl alle Menschen, sagt man, streben
nach Gold, nach Gold, solang' sie leben.
Doch Gold selbst ist nicht unvergänglich,
schon besser ist es, lebenslänglich
als Ziel im Auge zu behalten,
das, zählt man später zu den Alten,
an Schwung man noch der Jugend gleicht,
ein Ziel, das jeder gern erreicht,
weil jedem Paar, dem es gelingt,
ein Gold an diesem Ziele winkt,
das, wenn es auch nicht glänzt und blinkt,
an Wert bei weitem überragt
das Gold, nach dem die Welt so jagt.
Es ist der Tag, an dem das Paar
noch froh vereint im Silberhaar,
vom Geiste dieses Tag's umweht,
den gold'nen Hochzeitstag begeht.
Dem Hochzeitspaar, das dies vollbracht,
sei unser Glückwunsch dargebracht!

Glückwunsch zum bestandenen Examen

Der Mensch, der Steine sammelt, irrt
im Glauben, daß er »steinreich« wird.
Denn steinreich wird man ganz allein
durch äußerst selt'nen Edelstein.
Der Nieren- und der Blasenstein
indessen schaffen arge Pein.
Sehr nützlich ist der Pflasterstein,
doch pflegt er meist sehr schwer zu sein.
Der schönste Stein in dieser Welt
ist der, der uns vom Herzen fällt,
wenn nach gewisser Sorgenzeit
von Angst und Sorgen man befreit,
was wohl schon alle Menschen fanden,
die ein Examen je bestanden.
Du hast dank Fleiß und Geisteskraft
auch Dein Examen jetzt geschafft.
Nach diesem glücklichen Gelingen
denkst Du jetzt »Götz von Berlichingen. –
Die Büffelei ist nun zu Ende.«
Wir schütteln Dir erfreut die Hände:
»Dich mögen weiter durch die Zeiten
Fortuna und Erfolg begleiten!«

Glückwünsche zur Ordensverleihung

Die Sterne sieht man nachts am Himmel
in äußerst fröhlichem Gewimmel.
Man läßt sie sich von klugen Leuten
bisweilen für die Zukunft deuten.
Nur selten kommt in hohem Bogen
ein Stern von oben angeflogen.
Solch' Sterne sind uns wohlbekannt,
Sternschnuppen werden sie genannt.

Ich las es jetzt und las es gern:
Auf Sie fiel gleichfalls jetzt ein Stern,
man steckte Ihnen ganz bewußt
den Stern der Ehren auf die Brust.

Es strahlte sicher Ihr Gesicht,
denn »schnuppe« war er Ihnen nicht.

Wär' mir ein Hörnerchor zur Hand,
ich ließ es jetzt im ganzen Land
laut jubelnd rings herum ertönen,
um diesen Festakt zu verschönen,
und auch die Glocken müßten läuten,
um aller Freude anzudeuten.

Es lohnte sich, in solchen Fällen
auch Ehrenjungfrau'n aufzustellen,
wenn solche auch nicht leicht zu kriegen.

Kurzum, es ist mir ein Vergnügen,
wenn auch nicht grad' mit Böllerschüssen
glückwünschend heute Sie zu grüßen
so, wie es sich gehört zum Schluß,
mit einem tiefen Kratzefuß!

Ein Orden wurde – wie mir schien,
diesmal mit Fug und Recht – verlieh'n.
Erdienert ist nicht dieser Orden,
erdient nicht und nicht erdiniert,
verdient ist er tatsächlich worden,
der Ihre Brust mit Recht nun ziert.
Es mög' der Stern durch alle Zeiten
als echter Glücksstern Sie begleiten.
So tu' ich denn mit gutem Grund
der Mitwelt meine Freude kund.
Herzlichen Glückwunsch!

Neujahrswünsche

Es zieht von hinnen
all das, was war.
Es möge beginnen
ein glückliches Jahr!

Es ist ein schöner Neujahrsbrauch:
Was Du Dir wünschst, wünsch' ich Dir auch!

Ein Jahr vergeht,
ein Jahr entsteht. –
Was gut war im alten,
das bleib' uns erhalten,
und uns erfreue
mit Gutem das neue!

Wenn Glocken hell läuten
zur Neujahrsstund',
so mög' das bedeuten:
Komm gut durch die Zeiten
und bleibe gesund!

Wenn Feuerwerk und Korken knallen,
»Prost Neujahr!«-Rufe rings erschallen,
dann weiß doch jeder, wie gar bald
das Licht erlischt, der Lärm verhallt.
Mög' uns das neue Jahr bescheren
Glücksstunden, welche länger währen!

Silvester ist der meisten Wunsch:
Ein steifer Grog, ein kräft'ger Punsch!
Man leert das Glas mit einem Zug,
verschwunden sind dann alle Sorgen.
Der Kater kommt dann früh genug
am nächsten Morgen!

Den Freunden, Bekannten und allen Verwandten,
Kusinen, Vettern und Onkeln und Tanten
sei jetzt, wo wieder ein Jahr sich wendet,
ein herzlicher Gruß und Glückwunsch gesendet!
Und wenn ich nicht jedem persönlich schreibe,
so wisse doch jeder: Ich bin und ich bleibe
zu allen Zeiten und allen Stunden
ihm treulich verbunden!

Richtsprüche

Wir haben hier mit Fleiß und Kraft
und Umsicht diesen Bau geschafft.
Er sei fortan für alle Zeit
dem Wohlstand und dem Glück geweiht.
Glück sei beschieden jedermann,
der wohnen hier und wirken kann.

Der Bau, den ihr hier sehen könnt,
der steht auf festem Fundament,
der Maurer und der Zimmermann,
die packten schnell und kräftig an.
Der Bau, was immer mag' geschehen,
wird allen Stürmen widerstehen.

Das Haus, soweit es hier erstand,
das stehe stets in Gottes Hand
mit allen, die im Hause wohnen!
Dann wird sich uns're Arbeit lohnen.
Es ruhe stets des Herrgotts Segen
auf diesem Haus und uns'ren Wegen!

Die Richtkron' ist das schöne Zeichen,
das nun vollendet ist der Bau.
Wir können heut' die Hand uns reichen,
wir stellen unser Werk zur Schau.
Was wir an Fleiß und Kraft gegeben,
das fülle sich nun bald mit Leben.

Glückwünsche zum Einzug in das eigene Haus

Ich wünsch', daß Euch das »täglich Brot«
sei allezeit beschieden
und daß Ihr fern von aller Not
in Eurem Hause lebt in Frieden!
Ich möcht' als dieses Wunsches Zeichen
Euch dieses Brot heut überreichen.

Als nötig pflegt sich zu erweisen
oft Salz als Zutat zu den Speisen.
Ich wünsch' Euch, daß Euch stets im Leben
die nöt'ge Zutat sei gegeben!
Als Zutat wünsch' ich jederzeit
im neuen Haus Zufriedenheit!
Ich möcht' als dieses Wunsches Zeichen
das Salz Euch heute überreichen.

Eintragungen ins Gästebuch

Wir wollen gern und unumwunden
in Eurem Gästebuch bekunden,
wie dankbar wir die schönen Stunden
in Eurem trauten Heim empfunden.
Wir ließen uns das Essen munden,
wir lebten völlig ungebunden,
und – um das Glück noch abzurunden –
ließ auch die Bergluft uns gesunden. –
Wie schade, daß die Zeit entschwunden!
Stets sind wir Euch zu Dank verbunden!

Nicht nur, daß Ihr mit Trank und Essen
so köstlich wieder uns erfreut habt,
wir werden niemals Euch vergessen,
wie nett Ihr uns auch sonst betreut habt!

Ihr habt ohne Murren und Brommen
ertragen uns mit Geduld,
und wenn wir bald wiederkommen,
da seid Ihr selber dran schuld!

Wir wissen seit langer Zeit,
wir reizend Ihr immer seid,
doch habt Ihr – gestehen wir offen –
Euch diesmal noch übertroffen.

Beim Abschied das Eine wir wissen:
Nie möchten die Zeit wir missen!

Es ist eine Reihe von guten Tagen
tatsächlich nicht schwer, nein leicht zu ertragen.
Es drängt uns, ganz herzlich Euch Dank zu sagen!

So schön auch war das Wiedersehen,
so schwer fällt das Vondannengehen!

Wie gerne möchten wir länger bleiben,
jetzt bleibt uns nur noch das Briefeschreiben!

Wie schnell doch die schönen und glücklichen Zeiten,
die fröhlichen Stunden, die uns erfreuten,
wie Schemen und Schatten vorübergleiten!
Was hier wir erlebten, gesehen, erfahren,
das werden wir dankbar im Herzen bewahren!

Wir haben auch diesmal es wieder erfahren:
Wir sahen uns wieder nach vielen Jahren,
und doch ist es so, daß man meinen könnt',
es hätte das Leben uns niemals getrennt.

Wenn heut wir scheiden müssen,
so dürfen wir doch wissen:
Wir werden oft uns schreiben
und treue Freunde bleiben!

Es bleibe weiter bei dem Brauch:
Besucht uns oft, wir tun es auch!

Wir waren jetzt schon wieder da,
das kann man auch verstehen;
wir bleiben nämlich nur uns nah,
wenn häufig wir uns sehen!

Wieder geht es in die Ferne,
doch wir tuen es nicht gerne,
denn es waren – ohne Frage –
wieder echt vergnügte Tage.

Eintragungen ins Gipfelbuch

Aufwärts war's ein heißes Streben,
runter kommt man leicht im Leben!

Diesen Gipfel muß ich loben,
und ich tu's, so viel ich kann,
denn ich sehe so von oben
gerne mir die Mitwelt an.

Von »Gipfeltreffen« spricht man viel,
meist ist Erfolg man kaum gewohnt.
Ein Gipfel war auch unser Ziel,
ein Gipfel aber, der sich lohnt!

Zwar hat ein Aufstieg seinen Reiz,
ob in Gesellschaft, ob allein,
doch manchmal scheint ein Gipfelkreuz
mir doch ein rechtes Kreuz zu sein.

Wie ist es doch so herrlich hier
und alles gut zu leiden,
wie gern würd' ich als Rindvieh hier
auf diesen Almen weiden!

Verschwunden ist des Alltags Drang,
verschwunden Hast und Jagen.
Ach, könnte ich mein Leben lang
an solchen Stätten tagen!

Ach, was ich von hier oben sehe!
Wär' ich doch stets so »auf der Höhe«!

Von oben schaut sich alles an
viel besser, als man ahnen kann.

Die Affen, uns're Vettern,
die können mächtig klettern,
doch wenn auch wir es schaffen,
sind wir noch längst nicht Affen!

Ich pfleg' nicht gern auf scharfen Spitzen
das Hinterteil mir aufzuritzen.
Indessen so auf Bergesspitzen
da könnt' ich viele Stunden sitzen.

Nachträglich dünkt der Aufstieg leicht,
hat man das Gipfelkreuz erreicht.

So manches ist von Bergeshöhen
herab viel leichter anzusehen.
Wie fröhlich stimmt's doch das Gemüt,
wenn man von oben was besieht!

Hier schrieb sich schon so mancher ein,
auch ich werd' nicht der letzte sein.
Sie sollen alle lesen:
Auch ich bin hier gewesen!

Es geht der Mensch so manches Mal
höchst ungern durch des Lebens Tal.
Denn schließlich ist von lichten Höhen
ja alles besser anzusehen!

Ich lebte – was ich nicht verhehle –
ganz gern in einer Gamsbockseele!

Für alle, die sich hier schon trafen,
war diese Gegend höchst erregend,
wie kann in dieser schönen Gegend
ein Murmeltier so lang' nur schlafen!

Mensch, warst Du auch so krumm und lahm
wie ich, als ich zum Gipfel kam?

Der Gipfel ist auf alle Fälle
von einem Berg die schönste Stelle.

Etwas auf den Gipfel treiben,
das laß bleiben!
Aber auf den Gipfel steigen,
sei dir eigen!

Den Gipfel und dich selbst bezwingen
mag stets im Leben dir gelingen!

Feriengrüße

Feriengruß bei schlechtem Wetter

Ich grüße Euch aus kaltem Regen,
ins Wasser fällt der Urlaub mir.
Auf Sonne hofft' ich – ja, von wegen!
Erbost lang' ich den Petrus mir:

»Verzeih' mir Petrus, wenn ich schelte:
Was ist denn, Petrus, mit dir los?
Du schenkst statt Wärme uns nur Kälte,
wir sind doch keine Eskimos!«

Wann hört es endlich auf zu regnen?
Scheint ausnahmsweis' der Mond mal klar,
kannst du im Mondschein mir begegnen,
du Sommerlust in diesem Jahr!

Am Ofen sitz' ich, tief im Sinnen,
und der Gedanke kommt mir nah:
»Hundstage« sollen jetzt beginnen,
Hundswetter ist – weiß Gott – schon da!

Feriengruß eines Pensionärs

Ein Pensionär
hat es doch schwer:
Wenn andere, die Urlaub haben,
sich stets an ihrem Urlaub laben,
hat jeder Pensionär es schlimmer.
Was hat so'n Kerl vom Urlaub noch,
denn Urlaub hat er immer doch!

Bei einem »Wirte wundermild«
im schönen Land Tirol,
wo Wandern nur und Faulsein gilt,
fühl' ich mich pudelwohl.

Mit viel Erfolg wird meist betrieben
die Kneippkur (mit zwei p geschrieben).
Geholfen hat besonders mir
die gleiche Kur mit bayrisch Bier,
wobei ich, wenn nur voll die Krüge,
mich gern mit einem *p begnüge.*

Alpspitzen rings umkränzen
die Bergwelt ohne Grenzen,
die Firne seh' ich glänzen
im letzten Abendglühen.
Ich laß' mir Wein kredenzen
und hoffe, daß mein Fortsein
und momentan nicht Dortsein
mir gütigst wird verziehen.

Zusammenstellung der gebräuchlichsten Reime (Reimlexikon)

Vorbemerkung

Die folgende Zusammenstellung von Reimen soll naturgemäß – schon aus Platzgründen – keine vollständige Aufzählung aller Reimmöglichkeiten sein, sondern nur eine Übersicht über Reime, wie sie vielfach gebräuchlich sind. Es handelt sich um eine Auswahl, die dem Verseschmied als Zusammenstellung von Beispielen wie auch zur Erleichterung dienen soll bei der Suche nach Reimen und als Anreiz für weitere Reime. Wie wäre es zum Beispiel mit einem geselligen Spiel, bei dem jeder Teilnehmer sich um weitere (aber richtige!) Reimwörter bemüht und derjenige, der das letzte Reimwort findet, als Sieger aus diesem Wettbewerb hervorgeht? Dieses ist ein Zeitvertreib, der zweifellos die Übung im Reimen fördert.
Der besseren Übersicht wegen sind die Reime in zwei große Gruppen aufgeteilt, in die mit betonter Endsilbe, sogenannte männliche Reime, und in die mit unbetonten Endsilben, sog. weibliche Reime.
Im Interesse der Übersichtlichkeit sind ferner die Reimwörter unter den ihnen zwangsweise innewohnenden Selbstlauten a, e, i, o, u aufgeführt. Die Reihenfolge ist angegeben.
Dabei sind teilweise unter Einbeziehung der sog. »unreinen Reime« Reimwörter mit »e« mit denen mit »ä« und »ö« gemischt (wobei freilich Reimwörter mit ä und solche mit ö wegen der doch deutlichen Klangverschiedenheit möglichst nicht miteinander zu reimen sind, zumal wenn sie gedehnt ausgesprochen werden), ebenso die Reimwörter mit »i« mit denen mit »ü«, Doppellaute mit »ei« und »ai« mit denen mit »eu« und »äu«. Soweit sie nicht gemischt sind, wird auf die entsprechenden Reimwörter jeweils verwiesen.
Reimwörter mit gedehntem Selbstlaut (z. B. Qual) und solche mit nicht gedehntem Selbstlaut (z. B. Fall) sind meist in getrennten Reimreihen aufgeführt, was allerdings schon infolge der verschiedenen Aussprache je nach Dialekt nicht immer einwandfrei möglich ist.
Jede Reimreihe wird durch ein unterstrichenes Stichwort am Anfang gekennzeichnet.
Bei zahllosen zweisilbigen Reimwörtern muß natürlich beachtet werden, daß sich auf die Schlußsilbe oft infolge der verschiedenen Betonung manche Reimwörter nicht reimen lassen.

Verzichtet werden mußte – auch schon aus Raumgründen – auf die restlose Aufzählung aller durch Vorschaltung von Vorsilben wie be-, er-, ver-, usw. entstehenden Reimwörter. Jedem Verseschmied ist selbstverständlich, daß, wenn beispielsweise sich auf »sehen« das Wort »gehen« reimt, dies natürlich auch für die Wörter »besehen«, »ersehen«, »versehen«, usw. gilt und ebenso für »begehen«, »ergehen«, »vergehen« usw., es sei denn, daß sich eine verschiedene Betonung ergibt: »ansehen«, »vorgehen« usw.
Als unnötig fortgelassen sind ferner in der Regel bei Tätigkeitswörtern, die sich in der Nennform (Infinitiv) reimen, z. B. »loben«, »toben«, bzw. »wählen«, »zählen«, deren verschiedene Zeitstufen, die sich ja dann im allgemeinen auch reimen müssen (»lobte«, »gelobt«, »tobte«, »getobt« bzw. »wählte«, »gewählt«, »zählte«, »gezählt«).
Nicht zu vermeiden sind Wörter mit gleichlautenden Reimsilben (»fangen«, »empfangen«) in der gleichen Reimreihe; sie reimen sich natürlich nicht miteinander, jedoch bleiben sie reimfähig mit den übrigen Wörtern, die andere Reimsilben enthalten.
Soviel als Einleitung, Erläuterung und gewissermaßen als »Gebrauchsanweisung«.
Fangen wir also an!

Reime mit betonter Endsilbe (sog. männliche Reime)

a

Da ______ Afrika, allda, beinah', Eklat, hurra, nah, ich sah, trara;
Stab ______ Grab, ich gab;
ab ______ knapp, schlapp, schwapp, Trab, Kap, hinab, herab;
brach ______ Schmach, ich sprach, ich stach, s. auch: ach;
ach ______ nach, flach, Fach, Dach, Bach, Krach, wach, schwach, Schach, Gemach;
Dachs ______ Knacks, Lachs, lax, Wachs;
acht ______ belacht, bewacht, Fracht, gebracht, Macht, Nacht, Pacht, Pracht, sacht, Schacht, abgemacht, bedacht;
Frack ______ Pack, Sack, Schnack, Lack;
Akt ______ abstrakt, exakt, geflaggt, intakt, Jagd;
eingehakt ______ quakt, überragt, gefragt, gesagt, gewagt, sagt.

e (ä) (ö)

Gebäck ______ Gepäck, Besteck, Deck, Dreck, Fleck, keck, Schreck, Scheck, Speck, Zweck, Leck, Reck, weg;
Beleg ______ Steg, Weg;
erschreckt ______ bedeckt, befleckt, defekt, Dialekt, Effekt, geweckt, entdeckt, Insekt, Objekt, Projekt, Respekt, Sekt, verdreckt, versteckt, Subjekt;
Chef ______ Betreff, Relief;
bewegt ______ angeregt, aufgelegt, erregt, gefegt, überlegt, gepflegt, er hegt, er pflegt;
Befehl ______ fidel, Juwel, Kamel, Mehl, Gegröl;
Gestell ______ Geröll, die Höll', aktuell, Appell, Duell, Fell, formell, Gebell, grell, hell, Hotel, Modell, Rebell, reell, schnell, Gestell;
Fee ______ Allee, Armee, Bankier, Café, Diner, Gelee, Idee, Klee, Reh, See, Dreh, Klischee, Moschee, Negligé, jäh, Porträt, zäh, adieu, Bö, Milieu, peu a peu;
Blech ______ frech, Pech;
Klecks ______ Reflex, perplex, sechs, Gewächs;
Gefecht ______ Geflecht, echt, bezecht, gerecht, Recht, Knecht, gerächt, geschwächt;
Deck ______ Dreck, Besteck, Fleck, Gedeck, Heck, Leck, keck, Reck, Scheck, Speck, Zweck, Verdeck, Gebäck, Gepäck, Hypothek, Beleg, Kolleg, Steg, Weg, Privileg;
Sekt ______ Defekt, Architekt, bedeckt, geweckt, direkt, befleckt, Dialekt, erschreckt, Insekt, Objekt, verdreckt, versteckt, Respekt;
Chef ______ Relief, Gekläff;
Heft ______ Geschäft, trefft, kläfft;
Appell ______ schnell, Gesell', hell, Fell, Kartell, Modell, reell, Duell, grell, gell;
Feld ______ Geld, Held, Welt, Zelt, erhellt, bestellt, behält, gefällt, vergällt, hält, erwählt, gezählt, gequält;
Pelz ______ Schmelz, Gott vergelt's;
System ______ bequem, extrem, Diadem, indem, seitdem, usw. Ekzem, Lehm, Problem, Poem, angenehm, Creme;
zehn ______ Athen, Arsen, fotogen, geh'n, steh'n, Kaptän, mondän;
streng ______ eng, Gelenk, eingedenk, Geschenk, Getränk, Gezänk;
getrennt ______ Advent, Agent, Akzent, Dozent, eminent, patent, Parla-

ment, Präsident, Prozent, Referent, Regent, prominent, Student, Sakrament, Sortiment, Konvent, erwähnt, gekrönt, verpönt;

Gewehr ______ Heer, mehr, sehr, leer, Meer, quer, Verkehr, Verzehr, Bär, familiär, fair, Gewähr, leger, pekuniär, Legionär, Militär, ordinär, populär, Pensionär, regulär, Sekretär, vulgär, Volontär, Gehör, Amateur, Gör, Likör, Verhör, Odeur;

fern ______ gern, Stern, Konzern, subaltern;

Konzert ______ gesperrt, verzerrt;

Herd ______ begehrt, beschert, bekehrt, gelehrt, Pferd, Schwert, Wert, geleert, verehrt, versehrt, bekehrt, bewährt, geklärt, Gefährt, verjährt, empört, gestört, erhört;

Herz ______ Nerz, Scherz, Schmerz, des Konzerts, März, himmelwärts;

keß ______ Dreß, Expreß, Exzeß, Kongreß, Abszeß, SOS, Gefäß, gemäß, Gesäß, Erlös, bös', nervös, pompös, skandalös, religiös, seriös, muskulös;

fest ______ Arrest, Asbest, Fest, Pest, Rest, Podest, Test, Protest, durchnäßt, Geäst;

Geest ______ verwest, erlöst, entblößt, verdöst;

Paket ______ Beet, beredt, diskret, Dekret, Gebet, Komet, Poet, verdreht, verweht, Prophet, Prolet, Magnet;

Diät ______ gemäht, genäht, Fakultät, Majestät, Pietät, Vitalität, kräht, sät, blöd, erhöht, öd';

adrett ______ Bett, Brett, Balett, Fett, nett, kokett, Skelett;

Gesetz ______ Netz, Gehetz', Petz, Geschwätz;

ä

Fläch' ______ Gespräch, ich räch';

vergällt ______ geschält, gefällt, unterhält;

gehängt ______ versengt, bedrängt, beschränkt, ertränkt;

spät ______ er berät, brät, Gerät, Kalamität, gesät, Qualität.

ö

Diarrhöe ______ Jeu, Monsieur, Queue;

gestöhnt ______ gefröhnt, versöhnt;

Zubehör ______ Chauffeur, Dompteur, Deserteur, Ingenieur, Monteur, Nadelöhr, Spediteur, Regisseur.

i (ü)

Knie ——— Batterie, Chassis, Chemie, Chirurgie, Elegie, Esprit, Etui, Kopie, Logis, Manie, Regie, nie, Poesie, Vieh, wie?, er lieh, schrie, sieh', Debüt, früh, Menü, perdu;

Stich ——— Strich, mich, sich, sprich!, zahllose Wörter mit der Endsilbe »-lich«. Bei ihnen muß aber beachtet werden, daß oft ein Reim wegen der verschiedenen Betonung nicht möglich ist (vgl. Vorbemerkung 5, letzter Absatz);

fix ——— Knicks, Wichs, des Blicks;

Gericht ——— dicht, Gesicht, Bericht, Gedicht, Gewicht, Licht, Schicht, schlicht, Sicht, Verzicht, Wicht, Gezücht, Gerücht;

Blick ——— dick, Genick, Geschick, Knick, Quick, schick, Glück, Stück, zurück; antik, Kritik, Musik;

Delikt ——— Distrikt, Edikt, geknickt, geschickt, strikt, Konflikt, verstrickt, verzwickt, bedrückt, beglückt, entzückt, gebückt, verrückt;

Betrieb ——— Dieb, gib', Hieb, lieb, piep, Sieb, Trieb, ich blieb, schrieb, trüb, Typ;

beliebt ——— gesiebt, es gibt, piept, geübt, betrübt;

aktiv ——— Archiv, Brief, passiv, Motiv, schief, naiv, Stativ, Tarif, tief, Begriff, Kniff, Schiff, Schliff.

Gift ——— Schrift, Stift, Lift, Drift, verblüfft;

April ——— still, Dill, Drill, schrill, Idyll, Gebrüll, Müll, Tüll; Gefühl, Gestühl, Gewühl, kühl, schwül; agil, Kiel, Konzil, labil, servil, Krokodil, mobil, Reptil, Spiel, Ventil, viel, Ziel;

intim ——— legitim, Regime, Priem, anonym, Pseudonym; Benimm, Grimm, Klimbim, schlimm;

Krieg ——— Sieg, stieg, antik, Kritik, Fabrik, Musik, Physik, Republik, s. auch oben: Blick;

i

Termin ——— alpin, Doktrin, gedieh'n, Jasmin, Kamin, Mandarin, Medizin, Nikotin, Termin, grün, kühn, s. auch unten: Gewinn;

bedient ——— verdient, vermint, begrünt; blind, gelind, geschwind, gesinnt, Kind, Wind, Rind;

Spieß ——— dies, mies, Gries, Service, ich blies, pries, süß; Gebiß, gewiß, Kommiß, bis, friß!;

frisch ―――― Fisch, Gemisch, Gezisch, Tisch, Wisch, alle Wörter mit der Endsilbe »-risch«, Gebüsch, Plüsch;
Lied ―――― Appetit, Bandit, Gebiet, Glied, Lid, Satellit, solid, stupid, rapid', verbrüht, erblüht, Geblüt, Gemüt, Gestüt, Süd;
Griff ―――― Kniff, Schiff, Schliff;
Bild ―――― Schild, bebrillt, gedrillt, Gefild, mild, wild, abgekühlt, gewühlt, gefühlt, zerwühlt;
Zimt ―――― bestimmt, ergrimmt; berühmt, unverblümt;
flink ―――― Ding, Ring, Schmetterling, gering, Zink;
Gewinn ―――― Beginn, ich bin, hin, Kinn, Wörter mit der Endsilbe »-in«, Zinn, s. oben: Termin;
Grips ―――― Gips, Schlips, Rips;
Geschirr ―――― wirr, Geklirr; Gebühr, Geschwür;
Hirt ―――― verirrt, verwirrt; gespürt, gerührt, verführt;
Jurist ―――― du bist, Christ, Cellist, Dentist, Drogist, Egoist, Flötist, Humorist, List, Mist, Frist, Solist, Tourist, Terrorist, Gelüst, Gerüst, er küßt; gesüßt, verbüßt, wüst, er grüßt.

o

Lexikon ―――― Bonn, Babylon, Akkordeon, Stadion, Bariton;
Balkon ―――― Ballon, Beton, bon, Bonbon, Bouillon, Karton, Coupon, Pardon, Salon, Raison;
Kopf ―――― Knopf, Topf, Kropf, Zopf, Schopf;
Chor ―――― Chlor, Flor, empor, Fort, Humor, Komfort, Kontor, Korps, Korridor, Major, Meteor, Mohr, Ohr, Moor, Rohr, Ressort, Tenor, Tor, ich verlor, schwor;
Dorn ―――― Born, Horn, Korn, Zorn;
Sproß ―――― Boß, Geschoß, Koloß, kroß, Schloß, Troß, ich goß, beschloß;
Frost ―――― Kost, Most, Ost, Post, Rost, Kompost;
behost ―――― bemoost, getrost, prost!, Trost;
Boot ―――― bedroht, Despot, devot, Gebot, Idiot, Jod, Not, Pilot, rot, Schrot, tot, verroht; Gott, bigott, Boykott, flott, Pott, Komplott, Kompott, Schafott, Schrott, Spott, Trott;
Klotz ―――― Protz, Trotz, Rotz.

u

Kuh ―――― Clou, Coup, Dessous, Du, Filou, Kanu, nanu!, partout, Ragout, Schuh, tabu, zu;
Schub ―――― Bub', Hub, ich grub;

Buch ——— Besuch, Fluch, Tuch, Gesuch, Versuch, Bruch, Geruch, Spruch;
Fuchs ——— Crux, Jux, Luchs;
Bucht ——— Flucht, Frucht, Schlucht, Sucht, Wucht, Zucht;
Schmuck ——— Mameluck, ruck, Schluck; Spuk, Betrug, Bezug, Bug, Flug, klug, Pflug, Krug, trug, Zug, Verzug;
Produkt ——— bedruckt, geduckt, verschluckt, Viadukt;
Huf ——— Beruf, Vesuv, Ruf, ich schuf, ruf'; Bluff, Knuff, Muff, Puff, Suff;
Duft ——— Gruft, Kluft, Luft, Schuft;
Stuhl ——— Pfuhl, Uhl (Eule); Mull, Null;
Geduld ——— Huld, Katapult, Schuld, Pult, Tumult, geschult, gespult;
Ruhm ——— Boom, Konsum; alle Wörter mit der Endsilbe »-tum«, Rum, Delirium, dumm, Gebrumm, Gesumm, krumm, Ministerium, Silentium, Studium, stumm, Unikum, Vakuum, warum?;
Lump ——— Pump, plump;
Huhn ——— dun, immun, Kattun, nun, opportun, Tribun, Neptun, Taifun;
bunt ——— Befund, Bund, gesund, Grund, Hund, kund, Mund, Fund, rund, Schlund, Schund, Schwund, Spund, wund, zur Stund';
Dung ——— Schwung, Sprung, jung, alle Wörter mit der Endsilbe »-ung«;
Dunst ——— Kunst, Gunst, Brunst;
Club ——— Trupp, schwupp;
Ruhr ——— Agentur, alle Wörter mit der Endsilbe »-tur«, Cour, Figur, Flur, Frisur, Glasur, Klausur, Kultur, Kur, Natur, nur, Rasur, retour, Schwur, stur, Tour, Uhr, Zensur;
Burg ——— Chirurg, Dramaturg;
kurz ——— schnurz, Sturz;
Gruß ——— Fuß, Mus, Ruß; Kuß, Russ', Beschluß, Beschuß, Bus, Erguß, Fluß, Genuß, plus, Nuß, Stuß, Verdruß, Verschluß;
Busch ——— Drusch, kusch, im Husch;
August ——— bewußt, Brust, Lust, gemußt, gewußt, robust, Verlust, Knust, verrußt, Wust, geschmust;
akut ——— absolut, beschuht, Blut, Brut, Disput, Flut, Glut, gut, Hut, Mut, Institut, Salut, Tribut, Wut, zumut', er tut, ruht;

au

blau — Bau, Frau, Gau, grau, lau, Pfau, rauh, Sau, schlau, Stau, Schau, Tau;
Laub — Raub, Staub;
belaubt — geglaubt, erlaubt, geschraubt, überhaupt, verstaubt, Haupt, er glaubt, er schraubt;
Bauch — auch, Brauch, Gebrauch, Hauch, Rauch, Schlauch, Strauch, Verbrauch;
gebraucht — erlaucht, verbraucht, verhaucht, verraucht, er taucht, er kraucht;
Lauf — auf, Gerauf', Geschnauf', Glückauf!, Kauf, Knauf, zuhauf;
faul — Gaul, Maul;
braun — Clown, down, Geraun', Alaun, Kapaun, Zaun, Vertrau'n;
gutgelaunt — erstaunt, er raunt;
Applaus — Braus, Flaus, Graus, Gebraus, Haus, Laus, Maus, reißaus, Schmaus, Strauß;
berauscht — vertauscht, aufgebauscht, verrauscht, er lauscht, es rauscht;
Faust — verlaust, zerzaust, du haust, schmaust, zaust;
Braut — bebaut, betraut, betaut, Aeronaut, ergraut, Haut, Kraut, laut, versaut, er kaut, er schaut;
Kautz — pardautz, mir graut's, nun taut's.

ei (ai) (eu) (äu)

Blei — Abtei, Bastei, anbei, Brei, Ei, frei, Kartei, Geweih, Nackedei, Polizei, Alberei, Schrei, Partei, Litanei, alle Wörter mit der Endsilbe »-ei«, insbesondere »-lei«, »-rei«, bei, Hai, Kai, Lakai, Mai, Bräu, Boy, Heu, Leu, neu, scheu, Spreu, treu, Konvoi;
Leib — Weib, Verbleib, Zeitvertreib;
beleibt — beweibt, er schreibt, er betreibt;
bleich — Deich, Bereich, Geseich, Reich, Scheich, Streich, reich, Teich, Gesträuch, Gekeuch, Euch, s. auch: Teig;
Schweif — reif, Greif, steif, Gekeif';
Teig — Gezweig, Steig;
Beil — feil, Pfeil, Heil, Keil, Seil, steil, Teil;
daheim — Keim, Leim, Heim, Reim, Schleim;
allein — Bein, fein, obendrein, allgemein, kein, klein, alle Wörter mit

der Endsilbe »-lein«, mein, dein, Pein, rein, Schein, Rhein, Schrei'n, Stein, Wein, neun, betreu'n, erfreu'n;
eins ______ des Scheins, keins;
Feind ______ beweint, vereint, es scheint, Freund, gebräunt, umzäunt;
Beweis ______ Eis, Fleiß, heiß, Greis, Preis, Reis, Schweiß, weiß, beim Zeus!;
befreit ______ bereit, breit, Eid, Geleit, alle Wörter mit der Endsilbe »-heit«, Kleid, Leid, Neid, Streit, weit, Zeit, Geläut, verbleut, vertäut;
Geiz ______ bereits, Reiz, Schweiz,
s. auch: eu.

eu

Streu ______ Pneu, Reu', treu, ahoi!. toi-toi-toi!;
bezeugt ______ gezeugt, gebeugt, er beugt;
erneut ______ erfreut, heut', er gebeut, betreut.

Reime mit unbetonter Endsilbe (sog. weibliche Reime)

a

Gabe ______ Gehabe, Knabe, Labe, Habe, Rabe, Schabe, Wabe;
Kabel ______ Abel, Fabel, Gabel, miserabel, Nabel, passabel, rentabel, spendabel, Schnabel, Vokabel;
begraben ______ erhaben, graben, haben, laben, traben, schaben, die Gaben, Knaben, Waben;
Abend ______ erlabend, trabend;
Traber ______ Kandelaber, Gelaber;
Begabung ______ Grabung, Labung;
Drache ______ Apache, am Bache, Mache, Rache, Sache, Wache, ich lache, entfache;
Drachen ______ lachen, machen, krachen, Nachen, Rachen, wachen;
Macher ______ Lacher, Schacher, flacher;
Achse ______ Taxe, Haxe, Maxe, Sachse;

erwachsen ____ flachsen, knacksen, Haxen, Achsen;
Schachtel ____ Achtel, Spachtel, Wachtel;
achten ____ befrachten, betrachten, schlachten, sie lachten, machten, übernachten;
Backe ____ Attacke, Baracke, Hacke, Jacke, Schlacke, Zacke;
backen ____ hacken, knacken, Nacken, packen, schnacken, s. auch Laken;
Acker ____ Packer, Knacker, Racker, Gegacker;
fade ____ Ballade, Barrikade, Blockade, Dekade, Fassade, Gerade, Gnade, Made, malade, Pomade, schade, Tirade, Wade, im Bade, ich lade, bade;
Adel ____ Nadel, Tadel, Stadel;
Schaden ____ baden, Faden, Laden, Schwaden, Gnaden, Fladen;
Hader ____ Ader, Bader, Geschwader, Salbader, Kader;
Affe ____ Giraffe, Pfaffe, Laffe, Karaffe;
schaffen ____ paffen, raffen, straffen, Affen, Waffen, gaffen;
Frage ____ Gelage, Gejage, Waage, Plage, Sage, Trage, vage;
Gage ____ Blamage, Garage, Bandage, Etage, Page, Rage, Sabotage;
fragen ____ Behagen, betragen, entsagen, jagen, klagen, Kragen, Magen, schlagen, wagen, zagen, verzagen;
mager ____ Lager, hager, Schlager, Nager, Versager, Schwager;
Tagung ____ Entsagung, Befragung, Übertragung, Unterschlagung;
Emaille ____ Taille, Kanaille, Bataille;
Kanake ____ Kloake, Lake, Gequake, Schnake;
Orakel ____ Spektakel, Debakel, Makel;
Laken ____ Haken, blaken, quaken, sie erschraken, staken;
Rivale ____ Finale, Filiale, Kannibale, Schale;
malen ____ prahlen, Zahlen, die Neutralen, Rivalen, Schalen, Strahlen, sie befahlen, mahlen, verschalen;
Maler ____ Taler, Zahler, Prahler;
Italien ____ Australien, Dahlien, Fressalien, Mineralien, Lappalien;
moralisch ____ animalisch, orientalisch, musikalisch, kannibalisch;
Balken ____ Falken, sie verwalken, verkalken;
alle ____ Falle, Galle, Halle, Koralle, Kralle, Schnalle, dem Balle;
allen ____ Ballen, fallen, Hallen, knallen, lallen, prallen, schallen, schnallen, Krallen, gefallen, bestallen;
qualmen ____ zermalmen, Almen, Psalmen;
Falte ____ Balte, Spalte, er lallte, es schallte, ich halte;
halten ____ erkalten, gestalten, schalten, veralten, spalten, walten;
Alter ____ Falter, Halter, Psalter, Schalter, Verwalter, Gestalter;

Haltung ——— Entfaltung, Gestaltung, Schaltung, Spaltung, Verwaltung;
Zahlung ——— Strahlung, Bemalung, Verschalung;
walzen ——— balzen, salzen, schnalzen;
Drama ——— Lama, Fama, Panorama;
Namen ——— erlahmen, Examen, kramen, lahmen, besamen, Rahmen, Amen;
Flamme ——— Amme, Schramme, Wamme;
rammen ——— entflammen, entschlammen, schrammen, stammen, verdammen;
Klammer ——— Hammer, Jammer, Kammer;
Lampe ——— Rampe, Krampe, Schlampe;
Ampel ——— Getrampel, Gestrampel;
verdampft ——— verkrampft, zerstampft;
Bande ——— Girlande, Schande, hierzulande, imstande, am Strande;
wandeln ——— behandeln, verschandeln, mißhandeln;
versanden ——— vorhanden, verstanden, Banden, Konfirmanden, Girlanden;
Brandung ——— Landung, Strandung, Umrandung, Versandung, Gewandung;
Ahne ——— Fahne, Germane, Banane, Sahne, Karawane, Liane, Membrane;
mahnen ——— ahnen, Bahnen, Germanen, Ahnen;
Indianer ——— Franziskaner, Insulaner, Straßenbahner, Planer, Mahner;
lange ——— bange, Range, Stange, Schlange, Spange, Zange, Wange, Belange;
fangen ——— bangen, gegangen, belangen, empfangen, entgangen, gefangen;
mechanisch ——— organisch, botanisch, spanisch, romanisch, afrikanisch;
Schranke ——— Geranke, Gedanke, Gezanke, Planke, Pranke, Ranke, danke!, ich schwanke;
danken ——— ranken, schwanken, tanken, sie tranken, versanken;
bemannen ——— bannen, spannen, von dannen, Pannen, Tannen, ermannen;
Kante ——— Gesandte, Bekannte, Verwandte, Gouvernante, ich kannte;
Tanten ——— kannten, die Gesandten, Bekannten, Verbannten, sie rannten;
romantisch ——— gigantisch, dilettantisch, pedantisch;
Ahnung ——— Mahnung, Planung, Verzahnung;
Lanze ——— Pflanze, Schanze, Wanze, Pomeranze, Romanze, das Ganze;
tanzen ——— Pflanzen, Ranzen, Bilanzen, Finanzen, im ganzen;
Panzer ——— Landser, Pflanzer;

Kappe ——— Attrappe, Etappe, Klappe, Knappe, Mappe, Rappe;
Lappen ——— Kappen, Happen, berappen, jappen, klappen, Wappen;
Farbe ——— Garbe, Narbe, ich darbe;
Garde ——— Kokarde, Poularde, Milliarde, Mansarde;
Ware ——— Bahre, Fanfare, Haare, Paare, ich erfahre, gewahre;
fahren ——— Gebahren, gewahren, offenbaren, paaren, Scharen;
barbarisch ——— arisch, antiquarisch, proletarisch, literarisch;
Harke ——— Marke, im Parke, Starke;
erbarmen ——— umarmen, erbarmen, Armen, verarmen;
Pfarre ——— Karre, Gitarre, Zigarre, Starre, Knarre, Geknarre, Katarrhe;
Karren ——— harren, knarren, Narren, schnarren, starren, Zigarren;
Karte ——— Sparte, Scharte, Standarte, Warte;
erwarten ——— Garten, warten;
Wahrung ——— Behaarung, Erfahrung, Nahrung, Verwahrung, Paarung;
Asche ——— Flasche, Gamasche, Lasche, Tasche, Masche;
waschen ——— haschen, naschen, überraschen, Flaschen;
Hase ——— Base, Blase, Gaze, Nase, Oase, Phrase, Ekstase, Vase;
blasen ——— Rasen, vergasen, verglasen, Basen, grasen, Phrasen;
Straßen ——— sie aßen, fraßen, besaßen, spaßen, vergaßen;
Klasse ——— Barkasse, Grimasse, Gasse, Kasse, Klasse, Masse, Melasse, Tasse, Rasse, Asse, im Fasse, ich hasse;
Schlamassel ——— Gerassel, Gequassel;
hassen ——— lassen, sich befassen, erblassen, fassen, gelassen, passen, verfassen, schassen, Rassen, hassen;
Kasten ——— fasten, Lasten, rasten, tasten, hasten;
Pflaster ——— Knaster, Desaster, Alabaster, Raster, Zaster;
plastisch ——— drastisch, elastisch, sarkastisch, phantastisch;
Rate ——— Granate, Kantate, Kate, Oblate, Sonate, Tomate;
waten ——— Braten, Daten, Dukaten, drahten, geraten, Taten;
Vater ——— Berater, Kater, Krater, Pater, Prater, Theater;
soldatisch ——— apathisch, aristokratisch, aromatisch, automatisch, bürokratisch, demokratisch, diplomatisch, fanatisch, klimatisch, sympathisch, autokratisch, statisch;
Reformator ——— Diktator, Alligator, Imperator, Präparator;
Ratte ——— Debatte, Gatte, Krawatte, Latte, Matte, Platte;
Schatten ——— bestatten, ermatten, sie hatten, gestatten, Platten;
Gatter ——— Natter, Geknatter, Geschnatter, Gevatter, Bestatter;
Gattung ——— Beschattung, Bestattung, Ermattung, Erstattung;
Tatze ——— Fratze, Glatze, Katze, Geschmatze, Geschwatze;
Glaube ——— Laube, Haube, Schraube, Taube, Traube, ich erlaube;

e (ä) (ö)

Rebe ——— Gewebe, Schwebe, Stäbe;
Hebel ——— Knebel, Nebel, Säbel, Schnäbel, Möbel, Pöbel;
heben ——— beben, geben, kleben, leben, neben, schweben, streben, Reben;
Leber ——— Eber, Kleber, Streber, Weber, Gestöber, gröber;
neblig ——— erheblich, vergeblich, gröblich, löblich;
Belebung ——— Bestrebung, Ergebung, Erhebung, Umgebung, Vergebung;
röcheln ——— hecheln, fächeln, lächeln;
sprechen ——— brechen, blechen, Rechen, stechen, versprechen, zechen, rächen, Schwächen, den Bächen, die Flächen;
Dächer ——— Becher, Brecher, Sprecher, Fächer, Gemächer, Rächer, Köcher, Löcher, schwächer;
bestechlich ——— gebrechlich, unaussprechlich, schwächlich, tatsächlich, gemächlich, hauptsächlich;
Hexe ——— sechse, Kleckse, Gewächse;
Häcksel ——— Wechsel, Gedrechsel;
Flechte ——— Knechte, Rechte, er blechte, zechte, Mächte, Nächte, Schächte, ich brächte, dächte;
fechten ——— Flechten, knechten, rechten, ächten, flechten;
Fechter ——— Flechter, Bezechter, Gerechter, Gelächter, Pächter, Schlächter, Verächter, Wächter;
Besprechung ——— Brechung, Schwächung, Unterbrechung;
Deckchen ——— Eckchen, Fleckchen, Bäckchen, Päckchen, Löckchen;
Ecke ——— Decke, Hecke, Recke, Schnecke, Strecke, Säcke, Böcke;
Becken ——— decken, lecken, Hecken, Strecken, pflöcken, wecken;
Wecker ——— Entdecker, Erwecker, Schlecker, Gemecker;
eckig ——— speckig, dreckig, fleckig;
Fehde ——— Rede, Schwede, blöde, spröde, schnöde;
edel ——— Wedel, Knödel, Trödel, Mädel, Schädel;
reden ——— Eden, befehden, Fäden, Läden, Schäden, verblöden;
jeder ——— Feder, Leder, Katheder, Zeder, Köder, Bäder, Räder;
treffen ——— Neffen, reffen, kläffen;
heftig ——— kräftig, deftig, geschäftig;
rege ——— Kollege, Pflege, träge, Gehege, zuwege, Schläge, Säge;
Segel ——— Kegel, Pegel, Regel, Flegel;
Degen ——— entlegen, fegen, gegen, Segen, regen, pflegen, sägen, Brägen, Mägen, erwägen;

beweglich ______ jeglich, pflegllich, möglich, erträglich, kläglich;
Regen ______ Brägen, Degen, entlegen, fegen, gegen, legen, pflegen, Segen, erwägen, sägen, Vermögen;
Ehe ______ Schlehe, Zehe, Wehe, Rehe, Krähe, Nähe, Flöhe, Höhe;
gehen ______ drehen, flehen, sehen, stehen, geschehen, unbesehen, verstehen, blähen, nähen, mähen, säen, erhöhen, flöhen;
Drehung ______ Begehung, Entstehung;
Felder ______ Melder, Gelder, Wälder;
Kehle ______ Seele, Befehle, Kamele, Garnele, Parallele, Kanäle, Pfähle, Säle, Höhle, Gegröle, Hölle;
stehlen ______ fehlen, hehlen, schwelen, krakeelen, quälen, schälen, erzählen, wählen, zählen, ölen, grölen;
Fehler ______ Hehler, Stehler, Erzähler, Pennäler, Wähler;
Kelle ______ Forelle, Elle, Libelle, Pelle, Tabelle, Bälle;
bellen ______ stellen, gellen, prellen, schellen, fällen; wählen;
Keller ______ Teller, Besteller, schneller, Böller, Söller;
Stellung ______ Prellung, Schwellung, Entstellung;
Kälte ______ Zelte, Geprellte, Schelte;
selten ______ gelten, schelten, zelten, vergelten, erkälten;
nehmen ______ Unternehmen, sich bequemen, schämen, grämen, lähmen, zähmen, Tantiemen; dämmen, kämmen, schlemmen, hemmen, klemmen;
Stempel ______ Exempel, Krempel, Tempel;
Spende ______ Ende, Blende, Legende, behende, Bände, Gelände;
enden ______ spenden, blenden, wenden, senden, schänden;
Blender ______ Verschwender, Spender, Sender, Kalender, Gewänder;
Sendung ______ Vollendung, Verschwendung, Verwendung, Verblendung;
Lehne ______ Sehne, jene, Szene, Sirene, Träne, Mähne, Fontäne, Pläne, Schwäne, Hyäne, Töne, Krähne, Kähne;
Engel ______ Bengel, Schwengel, Stengel, Mängel, Gedrängel;
vermengen ______ beengen, sengen, sprengen, drängen, sich zwängen;
Senke ______ Schenke, Gelenke, Menkenke, Bänke, Gezänke;
lenken ______ denken, schenken, senken, kränken, tränken;
Lenker ______ Henker, Beschenker, Stänker, Zänker;
Henne ______ Penne, Tenne, Antenne, ich nenne, kenne;
brennen ______ nennen, rennen, trennen, kennen;
krönen ______ dröhnen, höhnen, klönen;
Trennung ______ Verbrennung, Verkennung;
Krönung ______ Löhnung, Versöhnung;
Ente ______ Rente, Tangente, Momente, Alimente;

erben ——— erwerben, Scherben, sterben, gerben, verderben, färben;
Erde ——— Beschwerde, Herde, Gebärde, Pferde, ich werde;
begehren ——— bekehren, beschweren, verzehren, in Ehren, verheeren, verkehren, versehren, bewähren;
Verehrer ——— Verzehrer, Lehrer, Bekehrer, Empörer, Hörer;
hysterisch ——— ätherisch, cholerisch, lutherisch;
Werke ——— Vermerke, Stärke;
Erker ——— Kerker, Verstärker, Berserker;
Ferne ——— gerne, Kaserne, Laterne, Kerne, Sterne;
Gelehrte ——— Werte, Versehrte;
Experte ——— Gerte, Offerte, Härte;
Kerzen ——— Herzen, Schmerzen, scherzen, schwärzen;
Bresche ——— Depesche, Dresche, Esche, Wäsche;
Chinese ——— Askese, Diözese, Prothese, Käse, Gebläse;
Adresse ——— Finesse, Fresse, Messe, Kresse, Kongresse, Blässe, Nässe, Pässe, s. auch: Späße und »Größe«!;
Größe ——— Blöße, Klöße, Stöße;
Kessel ——— Fessel, Sessel, Nessel;
Essen ——— besessen, ermessen, fressen, pressen;
Messer ——— Erpresser, Fresser, Fässer, Gewässer;
Weste ——— Feste, Gäste, das Beste, Proteste, Teste, Äste, Paläste, Röste, ich löste, döste, flößte;
Schwester ——— Semester, Silvester, mein Bester, Orchester;
Pastete ——— Muskete, Rakete, Tapete, Trompete, Gebete;
treten ——— kneten, beten, sie flehten, drehten, Diäten, Raritäten, sie mähten, nähten, flöten, erhöhten, töten;
Peter ——— Meter, Beter, Gezeter, Salpeter, Thermometer;
poetisch ——— alphabetisch, pathetisch, hermetisch;
Etikette ——— Klette, Kette, Wette, Serviette, Palette, Glätte, Stätte;
Wetter ——— Vetter, Retter, Gekletter, Blätter;
klettern ——— wettern, schmettern, mit Brettern, vergöttern;
Rettung ——— Verfettung, Verkettung, Bettung, Glättung;
Hetze ——— Netze, Gesetze, Sätze, Schätze, Krätze, Plätze, Götze, Klötze;
Fetzen ——— besetzen, ergötzen, petzen, verletzen, wetzen, schätzen, schwätzen, ätzen;
entsetzlich ——— gesetzlich, verletzlich;
Versetzung ——— Verhetzung, Verletzung, s. auch: »ä« und »ö«!

ä

nächtigen	die Mächtigen, die Prächtigen, die Verdächtigen;
Säckchen	Fräckchen;
Fädchen	Städtchen, Lädchen, Rädchen;
Schläfchen	Schäfchen, Evchen;
Käfer	Schäfer, Schläfer;
Kläger	Präger, Träger;
täglich	unsäglich, unerträglich;
spähen	krähen, Trophäen, verschmähen;
Europäer	Säer, Näher, Pharisäer, Häher, zäher;
häkeln	räkeln, mäkeln;
Erzähler	Spitäler, Quäler;
Kälte	Schelte, ich stellte, vergelte;
Stämme	Schwämme, Kämme, Dämme;
Kämpfe	Dämpfe, Krämpfe;
Wände	Verbände, Gelände, Brände;
Späne	Domäne, Kapitäne;
Gesänge	Gänge, Gepränge, Länge, Stränge;
Kränze	Schwänze, Tänze;
Wärme	Schwärme, Gedärme;
Klärung	Bewährung, Gärung, Erklärung, Ernährung;
Späße	Gefäße, ich säße, vergäße.

ö

Glöckchen	Söckchen, Löckchen, Röckchen, Stöckchen;
Vermögen	sie flögen, zögen, mögen;
tönen	frönen, gewöhnen, höhnen, klönen, verschönen;
Göre	Möhre, Röhre, Chöre, Liköre, Frisöre;
Erlöse	Frisöse, Getöse, Öse, das Böse;
Tröster	Klöster, Röster;
flöten	vonnöten, sie töten, erhöhten, löten;
Kröte	Röte, Nöte, Flöte.

i (ü)

Michel	Gestichel, Sichel, Gepichel;
Gekicher	sicher, Bücher, Tücher;
Nichte	Dichte, Fichte, Geschichte, die Gedichte, Früchte, Gerüchte;

dichten	belichten, berichten, schichten, sichten, vernichten, verzichten, flüchten, züchten;
Richter	Gelichter, Berichter, Dichter, Trichter, Lichter, Gesichter, Züchter;
berichtigen	beschwichtigen, besichtigen, bezichtigen, ertüchtigen, die Süchtigen;
gerichtlich	absichtlich, geschichtlich, ersichtlich;
Richtung	Dichtung, Lichtung, Schlichtung, Sichtung;
Ricke	Wicke, Blicke, Brücke, Krücke, Lücke, Mücke;
Nickel	Zwickel, Wickel, Pickel, Karnickel;
blicken	knicken, flicken, ersticken, picken, stricken;
Liebe	Getriebe, Diebe, Hiebe, Rübe, trübe;
Bibel	Fibel, Giebel, Zwiebel, Kübel, Übel, Stübl;
schieben	Belieben, geschrieben, sieben, lieben;
solide	Friede, Invalide, perfide, Schmiede, müde, prüde, Rüde;
Kiefer	Schiefer, Küfer, Prüfer;
fliegen	wiegen, kriegen, liegen, siegen, betrügen, lügen, pflügen, rügen, verfügen, Vergnügen;
Tiger	Flieger, Sieger, Krieger, Betrüger, klüger;
Miene, Mine	Pantine, Biene, Gardine, Kabine, Lawine, Marine, Sardine, Schiene, Terrine, Vitrine;
Bühne	Düne, Hüne, Sühne, Tribüne;
Berliner	Diener, Mediziner, Hühner;
Regierung	Frankierung, Isolierung, Lackierung, Notierung, Sanierung, Verzierung, Berührung, Führung, Rührung, Verschnürung;
Fliese	Devise, Krise, Prise, Riese, Wiese, Gemüse;
schießen	fließen, beschließen, gießen, sprießen, büßen, grüßen, süßen; küssen, müssen;
bieten	Mieten, Riten, Jesuiten, sie knieten, brieten, hüten, brüten, wüten, vergüten;
vergiften	beschriften, stiften, Schriften, lüften;
Milde	Gebilde, Gefilde, Gilde, im Bilde, im Schilde;
Brille	Grille, Kamille, Pille, Rille, Stille, Wille, Fülle, Hülle, Tülle, Idylle; Kühle, Gewühle, Mühle, Schwüle, Stühle;
Himmel	Fimmel, Gewimmel, Schimmel, Getümmel, Lümmel;
schwimmen	bestimmen, erklimmen, ergrimmen, trimmen, rühmen, verblümen;
binden	Befinden, erblinden, schwinden, überwinden, begründen, künden, münden, zünden;

Erfinder ______ Binder, Schinder, Zylinder, Kinder, Blinder, Gründer, Sünder, Zünder;
Finger ______ Bezwinger, Ringer, Schwinger, geringer, Dünger;
sinken ______ hinken, Schinken, stinken, winken, verzinken;
Spinne ______ Minne, Rinne, Finne;
Tinte ______ Flinte, Finte, Printe, Korinthe;
Gerippe ______ Grippe, Lippe, Sippe, Wippe, Kippe, Rippe;
Birne ______ Dirne, Gestirne;
irren ______ klirren, schwirren;
zischen ______ fischen, wischen, mischen;
Bissen ______ gerissen, beflissen, Gewissen, Kissen, missen;
Tornister ______ Geschwister, Kanister, Philister, Mister, Geflüster, Küster, düster, Verwüster;
Mitte ______ Bitte, Brite, Schnitte, Sitte, Ritte, Hütte, Blüte, Güte, Tüte, Kajüte, Hüte, Gemüte;
kitten ______ bitten, beritten, beschnitten, schütten;
Hitze ______ Ritze, Litze, Lakritze, Spritze, Grütze, Mütze, Schütze, Pfütze, Stütze;
sitzen ______ blitzen, erhitzen, schnitzen, ritzen, flitzen, s. auch: »ü«!

ü

betrüben ______ drüben, Rüben, üben;
Küche ______ Brüche, Gerüche, Sprüche;
süchtig ______ flüchtig, tüchtig, züchtig;
drücken ______ beglücken, bücken, pflücken, Lücken, Tücken;
Büffel ______ Rüffel, Süffel, Geschnüffel;
Düfte ______ Grüfte, Hüfte, Lüfte;
Lüge ______ Gefüge, Bezüge, Rüge;
Flügel ______ Bügel, Hügel, Zügel;
vorzüglich ______ untrüglich, vergnüglich;
blühen ______ brühen, glühen;
Schüler ______ Kühler, Wühler, Spüler;
Sümpfe ______ Rümpfe, Strümpfe, Trümpfe;
Bürde ______ Hürde, Würde;
Lektüre ______ Bordüre, Geschwüre, Maniküre, Schnüre;
führen ______ berühren, schnüren, schüren, spüren, Gebühren;
Rührung ______ Führung, Verschnürung;
kürzen ______ stürzen, schürzen, würzen;
Flüsse ______ Güsse, Nüsse, Küsse; Grüße, Füße, Süße.

o

Probe ——— Garderobe, Robe, Getobe, zum Lobe;
oben ——— droben, geloben, kieloben, proben, toben;
kochen ——— gebrochen, gestochen, Knochen, lochen, Rochen;
Brocken ——— bocken, blocken, hocken, Locken, schocken;
Kommode ——— Ode, Mode, Periode, Elektrode, Marode;
modisch ——— methodisch, periodisch;
Kartoffel ——— Stoffel, Pantoffel;
offen ——— betroffen, besoffen, hoffen;
verbogen ——— betrogen, bewogen, Bogen, erzogen, gewogen;
Dohle ——— Bohle, Kohle, Mole, Parole, Pistole, Gejohle;
versohlen ——— erholen, Fohlen, verkohlen;
Scholle ——— Knolle, Rolle, Stolle, Wolle;
rollen ——— geschwollen, grollen, Stollen, sie quollen;
kommen ——— beklommen, benommen, die Frommen, verschwommen;
Bohne ——— Amazone, Drohne, Krone, Melone, Patrone, Zitrone, Zone, Makrone, s. auch »Sonne«!;
chronisch ——— dämonisch, ironisch, harmonisch, platonisch;
Sonne ——— Nonne, Kolonne, Wonne;
verloren ——— Autoren, bohren, erfroren, geboren, schmoren;
borgen ——— besorgen, Morgen, geborgen;
Worte ——— Borte, Konsorte, Pforte, Sorte, Torte, Eskorte;
Rose ——— Dose, Chose, Gekose, Hose, lose, Pose, Lose, Soße, im Schoße;
entschlossen ——— begossen, entsprossen, beschossen;
Note ——— Boote, Knote, Pfote, Anekdote, Bote;
Knoten ——— geboten, loten, Piloten;
erotisch ——— gotisch, exotisch, idiotisch;
Motte ——— Lotte, Karotte, Kokotte, Rotte, Sprotte;
Otter ——— Schotter, Dotter;
trotzen ——— glotzen, kotzen, protzen, strotzen.

u

Bube ——— Grube, Stube, Tube;
Buche ——— Suche, Versuche, Gefluche;
Kuchen ——— buchen, ersuchen, fluchen, suchen;
Glucke ——— Hucke, meschugge, Spucke;
schlucken ——— drucken, ducken, gucken, jucken, zucken;

Jude ______ Bude, Grude;
Pudel ______ Nudel, Rudel, Sprudel, Strudel;
rudern ______ pudern, verludern;
Schuhe ______ Ruhe, Getue, Truhe;
Schulden ______ dulden, Gulden, Mulden;
Schule ______ Kuhle, Spule, Suhle;
Blume ______ Krume, Muhme, zum Ruhme;
Bummel ______ Hummel, Rummel, Stummel, Gefummel;
summen ______ brummen, verdummen, verstummen, die Krummen;
Kummer ______ Brummer, Hummer, Nummer, Schlummer, Summer;
Lumpen ______ Humpen, Klumpen, pumpen;
Sekunde ______ Runde, Kunde, Stunde, Wunde, Befunde, zugrunde;
verbunden ______ bekunden, munden, gebunden, gefunden, verschwunden, stunden, umrunden;
Wunder ______ Flunder, Plunder, Holunder, Zunder;
Stundung ______ Bekundung, Gesundung, Rundung, Verwundung;
gelungen ______ durchdrungen, entsprungen, erzwungen, geschwungen, verklungen, Zungen;
Unke ______ Funke, Halunke, Spelunke, Tunke;
dunkel ______ Gefunkel, Gemunkel, Geschunkel, Furunkel;
Funken ______ betrunken, erstunken, prunken, unken;
schmunzeln ______ Runzeln, Funzeln;
Schnupfen ______ hupfen, rupfen, tupfen, zupfen;
Truppe ______ Gruppe, Kuppe, Puppe, Suppe, schnuppe;
Uhren ______ Fluren, Kreaturen, sie fuhren, schwuren;
knurren ______ murren, schnurren, surren, zurren;
Muschel ______ Gekuschel, Genuschel, Getuschel;
Muse ______ Bluse, Geschmuse; Buße, Muße, am Fuße, Russe, Omnibusse, am Flusse;
Rute ______ Getute, Knute, Minute, Pute, Route, Stute;
bluten ______ tuten, sich sputen, überfluten, vermuten;
Butter ______ Futter, Kutter, Mutter;
putzen ______ nutzen, beschmutzen, stutzen, trutzen.

au

Glaube ______ Taube, Haube, Laube, Schraube, im Staube;
schrauben ______ erlauben, glauben, rauben, schnauben;
Jauche ______ im Bauche, im Strauche, ich brauche, rauche;
hauen ______ bauen, brauen, ergrauen, kauen, klauen, schauen, trauen,

Frauen, verdauen, versauen, Vertrauen, Auen, die Schlauen;
Bauer ——— Beschauer, Brauer, Dauer, Lauer, Mauer, Trauer, sauer, Hauer;
trauern ——— dauern, bedauern, kauern, lauern, erschauern, verbauern, versauern;
Taufe ——— Traufe, Gelaufe, Geraufe, Geschnaufe, Schlaufe;
laufen ——— kaufen, saufen, raufen;
faulen ——— jaulen, maulen, vergraulen;
erbaulich ——— beschaulich, fraulich, traulich, verdaulich;
Laune ——— Daune, Geraune, Posaune, am Zaune;
tauschen ——— lauschen, berauschen;
Pause ——— Brause, Gezause, Geschmause, Klause, zu Hause;
mausen ——— brausen, Grausen, hausen, lausen, Pausen;
Trauung ——— Erbauung, Stauung, Verdauung.

ei (eu) (äu)

Scheibe ——— beileibe, Bleibe, Eibe, Geschreibe, Reibe;
bleiben ——— schreiben, beweiben, treiben, Scheiben, betäuben, sträuben;
Weiber ——— Schreiber, Leiber, Treiber, Räuber;
leiblich ——— weiblich, unbeschreiblich, unausbleiblich;
Eiche ——— Bleiche, Speiche, Leiche, Weiche, Bräuche, Schläuche, Bäuche, Seuche, Gekeuche;
streichen ——— erbleichen, erweichen, gleichen, reichen, schleichen, weichen, Zeichen, Eichen, Speichen, die Reichen, keuchen, verseuchen, scheuchen;
Kreide ——— beide, Getreide, Heide, Schneide, Seide, Weide, Gebäude, Räude, Freude;
schneiden ——— beeiden, entscheiden, kleiden, leiden, meiden, neiden, verleiden, verscheiden, seiden, Heiden, Weiden, die Maiden, Freuden, vergeuden;
Schneider ——— Neider, Kleider, leider, Schleuder, Vergeuder;
Leiden ——— bekleiden, meiden, neiden, scheiden, schneiden, seiden, verleiden, weiden, Heiden;
Bekleidung ——— Beeidung, Entscheidung, Vermeidung, Überschneidung;
Reihe ——— Schleie, Weihe, Schreie, der Freie;
schreien ——— befreien, entzweien, gedeihen, leihen, schneien, speien, verzeihen, weihen, dräuen, vertäuen, betreuen, erfreuen,

erneuen, scheuen, streuen, bereuen, verbleuen;
Geier ——— Befreier, Feier, Geleier, Meier, Reiher, Schleier, Eier, Weiher, Verleiher, Gemäuer, Betreuer, Feuer, geheuer, Steuer, teuer;
Pfeife ——— Reife, Gekeife, Seife, Streife, Schleife, Käufe, Läufe;
Streifen ——— greifen, keifen, kneifen, reifen, Schleifen, ersäufen, häufen;
Eifer ——— Geifer, Pfeifer, reifer, steifer, Käufer, Säufer, Läufer;
Bereifung ——— Ergreifung, Schleifung;
Geige ——— feige, Gezweige, Beuge, Zeuge;
Reigen ——— geigen, neigen, schweigen, steigen, beäugen, säugen, beugen, bezeugen;
Zeiger ——— Geiger, Schweiger, Steiger;
Neigung ——— Besteigung, Verneigung, Verzweigung, Verbeugung, Überzeugung;
Eile ——— Feile, Keile, Meile, Langeweile, Pfeile, Zeile, Säule, Gäule, Fäule, Eule, Beule, Keule, Geheule;
teilen ——— eilen, heilen, keilen, peilen, weilen, heulen, verbeulen, die Keulen, Säulen;
Pfeiler ——— Keiler, Meiler, Verteiler;
eilig ——— freilich, gedeihlich, heilig, polizeilich, verzeihlich, bläulich, abscheulich, erfreulich, greulich, neulich, getreulich;
reimen ——— keimen, leimen, verschleimen, die Geheimen, räumen, säumen, schäumen, träumen;
Beine ——— Leine, das Deine, die Feine, der Gemeine, die Kleine, keine, eine, zum Scheine, Bräune, Zäune, Scheune, alle neune, Haine, Raine;
weinen ——— Leinen, vereinen, meinen, scheinen, verneinen, die Meinen, die Deinen, einen, keinen, umzäunen, bräunen, die Scheunen;
verfeinert ——— verallgemeinert, versteinert, zerkleinert;
Reinheit ——— Allgemeinheit, Einheit, Feinheit, Gemeinheit;
steinigen ——— bescheinigen, einigen, reinigen, die Deinigen, die Meinigen;
peinlich ——— kleinlich, reinlich, wahrscheinlich.
Meinung ——— Erscheinung, Verneinung;
Heirat ——— Beirat, Kanzleirat;
kreischen ——— erheischen, zerfleischen;
leise ——— Meise, Reise, Speise, Weise, Gleise, Preise, Schleuse, Reuse, Läuse, Mäuse, Gehäuse, Waise; im Schweiße, ich beiße, reiße, heiße;
reisen ——— preisen, kreisen, speisen, vereisen, vergreisen, die Weisen,

Schleusen, Waisen;

beißen ——— heißen, reißen, verschleißen, schmeißen;
heiser ——— Weiser, Kaiser;
fleißig ——— eisig, Reisig, Zeisig, dreißig;
Meister ——— Kleister, Geister, Deister;
Speisung ——— Überweisung, Umkreisung, Weisung, Vergreisung;
Pleite ——— beiseite, Breite, Geleite, Seite, Weite, ich reite, begleite, im Streite, Bräute, Geläute, Häute, Beute, heute, Leute, Meute;
reiten ——— beizeiten, bereiten, bestreiten, gleiten, leiten, schreiten, streiten, zuzeiten, deuten, erbeuten, sie streuten, scheuten, häuten, läuten, verbleuten;
heiter ——— Begleiter, Eiter, Gefreiter, Leiter, Reiter, Streiter, weiter, breiter, Euter, Kräuter;
erweitert ——— gescheitert, erheitert, vereitert;
streitig ——— zeitig, unstreitig, heutig, unzweideutig;
Zeitung ——— Begleitung, Leitung, Verbreitung, Bedeutung;
Befreiung ——— Beleihung, Entweihung, Entzweiung, Verzeihung, Betreuung, Zerstreuung;
Weizen ——— beizen, geizen, heizen, reizen, bekreuzen, sich schnäuzen;
Heizung ——— Reizung, Kreuzung.

eu

leuchten ——— befeuchten, sie scheuchten, keuchten;
Steuer ——— Scheuer, Ungeheuer, euer, Abenteuer;
verteuern ——— feuern, erneuern;
Verbeugung ——— Überzeugung.

äu

Täubchen ——— Häubchen, Stäubchen;
Bläue ——— Schläue, Säue, ich dräue, vertäue;
Bäume ——— Räume, Träume, Zäume;
Häuschen ——— Läuschen, Mäuschen, Sträußchen.

Zusammenfassung

Fassen wir alles noch einmal kurz zusammen. Wer Verse schmieden will, muß zumindest zweierlei stets beachten:

Der Reim muß richtig sein
Er muß also unbedingt aus zwei gleichen oder zumindest gleichlautenden Wörtern bestehen, die sich nur durch die am Anfang der Wörter stehenden Mitlaute oder dadurch unterscheiden, daß das eine Wort mit einem Mitlaut, das andere mit dem gleichen Selbstlaut beginnt, der dem Mitlaut in dem ersten Wort folgt. Sonst ist es eben kein richtiger Reim.

Der Vers muß richtig sein
Er muß von einem bestimmten Versmaß beherrscht sein.

Das ist zumindest das Fundament aller Versschmiedekunst. Und wie ein Schmied sein Handwerk kennen muß, muß dies auch der Verseschmied tun. Dabei bedarf es zum Verseschmieden keiner langen Lehrzeit, nur der Einprägung und Befolgung gewisser Regeln.
Und noch eins: Was hier über Reim und Verse gesagt ist, erhebt keinen Anspruch wissenschaftlich zu sein. Es sollte hier nur kurz, verdeutscht und allgemein verständlich das Wichtigste unter Beifügung entsprechender Beispiele gesagt werden, aus der Praxis für die Praxis.

Möge die Lektüre dieses Büchleins dem Leser entsprechende Anregungen geben und dadurch dazu beitragen, daß er vielleicht selber Reime und Verse verfaßt, die dem, der sie liest, Freude machen!

NÜTZLICHE RATGEBER

EINE AUSWAHL

Stand: Frühjahr 1994

Hobby und Freizeit

Falken-Handbuch
Zeichnen und Malen
(**4167**-5) Von B. Bagnall, 336 S., 1154 Farbzeichnungen, Pappband. ●●●●●

Kreativ Zeichnen
(**4688**-X) Von B. Bagnall, 176 S., zahlr. Farbabb., Pappband. ●●●●

Punkt, Punkt, Komma, Strich
Zeichnen leicht gemacht
(**4721**-5) Von H. Witzig, 144 S., 512 s/w-Zeichnungen, Pappband. ●●

Punkt, Punkt, Komma, Strich
Zeichenstunde für Kinder
(**0564**-4) Von H. Witzig, 144 S., über 250 Zeichnungen, kart. ●

Einmal grad und einmal krumm
Zeichenstunde für Kinder
(**0599**-7) Von H. Witzig, 144 S., 363 Abb., kartoniert. ●

Figürliches Zeichnen
leicht gemacht
(**1010**-9) Von H. Witzig, 112 S., 462 Figuren, kartoniert. ●

Airbrush
Kreatives Gestalten mit dem Luftpinsel
(**1133**-4) Von C. M. Mette, 80 S., 145 Farbfotos, 40 Farbzeichnungen, kartoniert. ●●

Kalligraphie
Die Kunst des schönen Schreibens
(**4263**-9) Von C. Hartmann, 120 S., 44 Farbvorlagen, 29 s/w-Vorlagen, 2 s/w-Zeichnungen, 38 Farbfotos, Pappband. ●●●●

Gestalten mit Schrift
Kalligraphie
(**1044**-3) Von I. Schade, 80 S., 2 Farb- und 1 s/w-Foto, 143 Farbzeichnungen, kart. ●●

Hobby Aquarellmalen
Landschaft und Stilleben
(**0876**-7) Von I. Schade, A. Brück, 80 S., 111 Farbabb., kart. ●●

Technik · Gestaltung · Ausdruck
Aquarellmalerei
Von der Realität zum Bild
(**4529**-8) Von Prof. W. Wrisch, 136 Seiten, 172 farb. Abbildungen, 5 s/w-Abbildungen, 46 Zeichnungen, Pappband. ●●●●

Hobby Ölmalerei
Landschaft und Stilleben
(**0875**-9) Von H. Kämper, I. Becker, 80 S., 93 Farbabb., kart. ●●

FALKEN
Lexikon der Seidenmalerei
Mit großer Farbmischtabelle
(**4737**-1) Von K. Huber, 208 S., 192 Farbfotos, Pappband. ●●●●

Seidenmalerei in Vollendung
(**4414**-3) Hrsg. von R. Smend, 160 S., 227 Farbfotos, 36 s/w-Fotos, geprägter Leineneinband mit Schutzumschlag, im Schuber. ●●●●●

Seidenmalerei
Westen · Blusen · Hosen
(**1455**-4) Von C. Köhl, ca. 64 Seiten, durchgehend vierfarbig, zahlreiche Abbildungen, mit Vorlagebogen, kartoniert. ●●

Seidenmalerei und Modedesign
Modelle · Techniken · Schnittmuster
(**4476**-3) Von B. Hansen, 176 S., 140 Farbf.93 Farb-, 68 s/w-Zeichn., Pappband. ●●●●

Seidenmalerei Exklusive Tücher
(**1303**-5) Von E. Schwinge, 80 S., 79 Farbfotos, 6 Zeichnungen, kart. ●●

Kreative Seidenmalerei
Motive · Muster · Farbenspiel
(**4720**-7) Von M. Neubacher-Fesser, ca. 136 S., zahlr. Farbabb., Pappband. ●●●●

Seidenmalerei
Muster über Muster
20 Künstlerinnen präsentieren 120 Ideen
(**4744**-4) 128 S., 188 Farbabbildungen, Pappband. ●●●●

Seidenmalerei
Die wichtigsten Techniken Schritt für Schritt
(**1357**-4) Von B. Hansen, 64 S., 97 Farbfotos, kartoniert. ●●

Seidenmalerei als Kunst und Hobby
(**4264**-7) Von S. Hahn, 136 S., 256 Farbfotos, 1 s/w-Foto, Pappband. ●●●●

Neue zauberhafte Seidenmalerei
Motive und Anregungen aus der Natur
(**0924**-0) Von R. Henge, 80 S., 148 Farbfotos, 27 s/w-Zeichnungen, kart. ●●

Krawatten, Tücher und Fliegen individuell gestalten
Seidenmalerei
(**1242**-X) Von A. Reichmann, 64 S., durchgehend vierfarbig, kart. ●●

Aquarellieren auf Seide
Materialien · Techniken · Motive
(**0917**-8) Von I. Demharter, 32 S., 41 Farbfotos, Pappband. ●

Airbrush auf Seide
(**1342**-6) Von I. Demharter, 64 S., zahlreiche Farbabbildungen, kart. ●●

Airbrush Seidenmalerei
Mit Vorlagen für Schablonen
(**1356**-6) Von C. M. Mette, 80 S., 129 Farbf., kartoniert. ●●●

Seidenmalerei Bäume und Blätter
(**5249**-9) Von D. Kosik, 32 S., 5 Farbfotos, 23 Farb- u. 13 s/w-Zeichungen, kart. ●

Seidenmalerei Landschaften
(**5153**-0) Von D. Kosik, 32 S., 50 Farbfotos, 12 Zeichnungen, mit Vorlagebogen in Originalgröße, kart. ●

Seidenmalerei Kissen
(**5151**-4) Von I. Demharter, 32 S., 42 Farbfotos, 2 Zeichnungen, mit Vorlagebogen in Originalgröße, kart. ●

Seidenmalerei Blusen und T-Shirts
(**5184**-0) Von A. Keller, 32 S., 28 Farbfotos, 12 Zeichnungen, mit Vorlagebogen in Originalgröße, kartoniert. ●

Seidenmalerei Tücher und Schals
(**5152**-2) Von R. Henge, 32 S., 36 Farbfotos, 1 Zeichnungen, mit Vorlagebogen in Originalgröße, kart. ●

Seidenmalerei Tiermotive
(**5204**-9) Von A. Keller, 32 S., 37 Farbfotos, mit Vorlagebogen in Originalgröße, kart. ●

Serti Designo
Seidenmalerei mit Kreidestiften
(**5208**-1) Von S. Tichy-Gibley, 32 S., 46 Farbfotos, mit Vorlagebogen in Originalgröße, kart. ●

Seidenmalerei Lampenschirme
(**5154**-9) Von I. Walter-Ammon, 32 S., 47 Farbfotos, 1 Zeichnung, mit Vorlagebogen in Originalgröße, kart. ●

Seidenmalerei Blüten, Blätter, Ranken
(**5165**-4) Von D. Kosik, 32 S., 35 Farbfotos, 4 Zeichnungen, mit Vorlagebogen in Originalgröße, kart. ●

Seidenmalerei Schmuckkarten und Miniaturbilder
(**5166**-2) Von I. Walter-Ammon, 32 S., 37 Farbfotos, 2 Zeichnungen, mit Vorlagebogen in Originalgröße, kart. ●

Akzente mit Perlen, Pailetten und Straß
Seidenmalerei
(**5248**-0) Von A. Keller, 32 S., ca. 50 Farbf., mit Vorlagebogen in Originalgröße, kart. ●

Seidenmalerei Bilder in Konturentechnik
(**5182**-4) Von I. Demharter, 32 S., 28 Farbfotos, 2 Zeichnungen, mit Vorlagebogen in Originalgröße, kart. ●

Seidenmalerei Applikationen
(**5224**-3) Von J. Bressau, 32 S., 50 Farbfotos, mit Vorlagebogen in Originalgröße, kart. ●

Apartes aus bemalter Seide
(**5274**-X) Von E. Möller, 48 Seiten, durchgehend vierfarbig, kartoniert. ●

Malen auf Seide
kinderleicht
(**5218**-9) Von R. Henge, 32 S., 11 Farbfotos, 44 Farbzeichn., Vorlagebogen, kartoniert. ●

Moderne Stoffmalerei
(**1358**-2) Von H. Sander, 64 S., 73 Farbf., 50 s/w-Zeichn., kart. ●●

Perfekt Stricken
Mit Sonderteil Häkeln.
(**4250**-7) Von H. Jaacks, 256 S., 703 Farbfotos, 169 Farb- und 121 s/w-Zeichnungen, Pappband. ●●●●

Das moderne Standardwerk
Nähen
(**4709**-6) Von S. von Rudzinski, 176 S., vierfarbig, Pappband. ●●●●

Stoffpuppen
nach alten Vorbildern
(**5281**-2) Von M. Meinesz, 48 S., durchgehend vierfarbig, mit Vorlagebogen, kart. ●

Heißgeliebte Teddys
Selbermachen · Sammeln · Restaurieren
(**0900**-3) Von H. Nadolny und Y. Thalheim, 80 Seiten, 118 Farbfotos, kartoniert. ●●●

Die hier vorgestellten Bücher, Videokassetten und Software sind in folgende Preisgruppen unterteilt:

● Preisgruppe bis DM 10,–/S 79,–/SFr 11,–
●● Preisgruppe über DM 10,– bis DM 20,– S 80,– bis S 160,– SFr 10,– bis SFr 21,–
●●● Preisgruppe über DM 20,– bis DM 30,– S 161,– bis S 240,– SFr 21,– bis SFr 30,–
●●●● Preisgruppe über DM 30,– bis DM 50,– S 241,– bis S 400,– SFr 30,– bis SFr 50,–
●●●●● Preisgruppe über DM 50,–/S 401,–/SFr 50,–
*(unverbindliche Preisempfehlung)

Die Preise entsprechen dem Status beim Druck dieses Verzeichnisses (s. Seite 1) – Änderungen, im besonderen der Preise, vorbehalten –

Falken-Verlag GmbH · Postfach 1120 FALKEN D-65521 Niedernhausen/Ts. · Tel.: 0 61 27 / 70 20

Marionetten
selbst bauen und führen
(**1043**-5) Von D. Köhnen, 80 S., 150 Farbfotos, mit Schnittmusterbogen, kartoniert. ●●

Hampelmänner
Basteln mit Kindern ab 5 Jahren
(**5240**-5) Von F. Michalski, 32 S., ca. 50 Farbabb., mit Vorlagebg. in Originalgröße, kart. ●

Künstlerpuppen
im 20. Jahrhundert
(**4719**-3) Hrsg. R. Höckh, 160 S., 192 Farbfotos, 26 s/w-Fotos, Pappband. ●●●●●

Charakterpuppen
aus Cernit und Porzellan selbst gestalten
(**1156**-3) Von S. Becker, 64 S., 143 Farbfotos, 30 Zeichnungen, 13 Vignetten, mit Schnittmusterbogen, kartoniert. ●●

Puppen zum Liebhaben
(**5199**-9) Von B. Wehrle, 32 S., 27 Farbfotos, 9 s/w-Zeichnungen, mit Vorlagebogen in Originalgröße, kartoniert. ●

Basteln mit Kindern
Moosgummi
(**5271**-5) Von A. und R. Schurr, 48 S., durchgehend vierfarbig, mit Vorlagebogen, kart. ●

Neue zauberhafte Salzteig-Ideen
(**0719**-1) Von I. Kiskalt, 80 S., 324 Farbfotos, 12 Zeichnungen, Schablonen, kart. ●●

Salzteig kinderleicht
(**0973**-9) Von I. Kiskalt, 80 S., 224 Farbfotos, 8 Zeichnungen, kartoniert. ●●

Hobby Salzteig
(**0662**-4) Von I. Kiskalt, 80 S., 150 Farbfotos, 5 Zeichnungen und Schablonen, kart. ●●

Kreatives gestalten mit Ton
Töpfern ohne Scheibe – Aufbaukeramik
(**0896**-1) Von A. Riedinger, 80 S., 207 Farbfotos, 16 Zeichnungen, 7 Vignetten, kart. ●●

Kreatives Gestalten mit Ton
Töpfern auf der Scheibe
(**0971**-2) Von A. Riedinger, 80 S., 28 Farb- und 3 s/w-Zeichnungen, 178 Farbf., kart. ●●

Kneten und Modellieren
kinderleicht
(**5217**-0) Von V. Ettelt, 32 S., 12 Farbtafeln, 72 Farbzeichnungen, Vorlagebogen, kart. ●

Hobby Glaskunst in Tiffany-Technik
(**0781**-7) Von N. Köppel, 80 S., 194 Farbfotos, 6 s/w-Abbildungen, kartoniert. ●●

Tiffany-Technik
und andere kunstvolle Arbeiten in Glas
(**0972**-0) Von D. Köhnen, 80 S., 176 Farbfotos, 5 s/w-Zeichnungen, kartoniert. ●●

Ikebana
Grundstile und Variationen
(**4749**-5) Von E. Schwalm, 112 Seiten, ca. 165 Farbfotos, 43 Grafiken, 2 Tabellen, gebunden. ●●●●

Dekorieren und Gestalten mit Naturmaterialien
rund ums Jahr
(**4748**-7) Von E. Dommershausen u.a., 128 S., ca. 200 Farbf. und -zeichnungen, geb. ●●●

Masken
phantasievoll dekorieren
(**5155**-7) Von Chr. Familler, 32 S., 48 Farbf., mit Vorlagebg. in Originalgröße, kart. ●

Laubsägearbeiten für das Kinderzimmer
(**5245**-6) Von H.-P. Krafft, 32 S., ca. 50 Farbf., mit Vorlagebg. in Originalgröße, kartoniert. ●

Schwingtiere aus Holz gestalten
(**5222**-7) Von der Arbeitsgem. Werken, 32 S., 50 Farbfotos, mit Vorlagebogen in Originalgröße, kartoniert. ●

FALKEN Video
Drachen
bauen und fliegen
(**6141**-2) VHS, ca. 45 Min., in Farbe, mit Broschüre. ●●●●*

Drachen
bauen und steigen lassen.
(**0767**-1) Von W. Schimmelpfennig, 80 Seiten, 1 dreiseitige Ausklapptafel, 55 Farbfotos, 139 Zeichnungen, kart. ●●●

Lenkdrachen
bauen und fliegen
(**1011**-7) Von W. Schimmelpfennig, 64 Seiten, 51 Farbf. und 126 Zeichnungen, kart. ●●

Neue Lenkdrachen und Einleiner
bauen und fliegen
(**1353**-1) Von W. Schimmelpfennig, 80 Seiten, 54 Farbf., 95 Farbzeichn., kart. ●●●

Drachen
Einfache Modelle für Kinder
(**5156**-5) Von W. Schimmelpfennig, 32 Seiten, 11 Farbfotos, 31 Zeichnungen, mit Vorlagebogen, kartoniert. ●

Basteln mit Kleinkindern
ab 3 Jahren
(**4747**-9) Von W. Kottke und I. Hübers-Kemink, 128 Seiten, über 200 Farbabbildungen, mit Vorlagebogen, gebunden. ●●●

Das goldene Bastelbuch für Kinder
(**4769**-X) Von U. Barff (Hrsg.), 336 Seiten, durchg. vierf., mit 2 Vorlagebogen, geb. ●●●

Basteln mit Kindern
Dinos & Drachen
(**5279**-0) Von G. Reinscheid, 48 Seiten, durchgehend vierfarbig, mit Vorlagebogen, kart. ●

Basteln mit Kindern
Fensterbilder Ritter und Burgen
(**5284**-7) Von D. Köhnen, 48 Seiten, durchgehend vierfarbig, mit Vorlagebogen, kart. ●

Das große farbige
Bastelbuch für Kinder
(**4254**-X) Von U. Barff, I. Burkhardt, J. Maier, 224 S., 157 Farbf., 430 Farb- und 60 s/w-Zeichn., m. Schnittmusterbg., Pappband. ●●●

Origami
Tiere aus aller Welt
(**5250**-2) Von J. Maier, 32 Seiten, 19 Farbfotos, 68 Farb- u. 16 s/w-Zeichnungen, kartoniert. ●

Hobby Origami
Papierfalten für groß und klein
(**0756**-6) Von Z. Aytüre-Scheele, 80 Seiten, 820 Farbfotos, kartoniert. ●●

Neue zauberhafte Origami-Ideen
Papierfalten für groß und klein
(**0805**-8) Von Z. Aytüre-Scheele, 80 Seiten, 720 Farbfotos, kartoniert. ●●

Zauberwelt Origami
Tierfiguren aus Papier
(**1045**-1) Von Z. Aytüre-Scheele, 80 Seiten, 660 Farbfotos, kartoniert. ●●

Kreatives Gestalten mit **Papiermaché**
(**5246**-4) Von B. Jetzek-Berkenhaus, 32 S., ca. 50 Farbfotos, mit Vorlagebogen in Originalgröße, kartoniert. ●

Marmorieren
Muster · Techniken · Gestaltungsideen
(**5247**-2) Von T. Hartel, 32 S., ca. 50 Farbfotos, mit Vorlagebg. in Originalgröße, kart. ●

Heut basteln wir mit Pappe und Papier
(**4413**-5) Von U. Barff, J. Maier, 224 Seiten, 117 Farbfotos, 480 Farbzeichn., 25 s/w-Abb., mit Schnittmusterbogen, Pappband. ●●●

Das große farbige Bastel- und Werkbuch
(**4439**-9) Von D. Rex, 256 S., 999 Farbfotos, 33 Farbzeichnungen, Pappband. ●●●●

Mein liebstes Spiel- und Bastelbuch
Die Welt der Dinosaurier
Tiere und Landschaften zum Selbermachen
Ausbrechen, aufstellen, spielen
(**4478**-X) Von B. Burkart, 8 Blatt mit herauslösbaren Motiven, 280-g-Karton mit Stanzung, 8 S. Bastelanl. und Sachinformation. ●●

Das große farbige
Dinosaurierbastelbuch
(**4686**-3) Von S. Koter, 128 S., 87 Farbfotos, 71 Farbzeichn., Vorlagebogen, Pappbd. ●●●

Fensterbilder in Scherenschnitt
(**5169**-7) Von A. Hahn, 32 Seiten, 52 Farbfotos, 3 s/w-Fotos, mit Vorlagebogen in Originalgröße, kartoniert. ●

Fensterbilder
Meine Lieblingstiere
(**5197**-2) Von Y. Thalheim, H. Nadolny, 32 Seiten, 38 Farbfotos, mit Vorlagebogen in Originalgröße, kartoniert. ●

Fensterbilder Enten und Gänse
(**5278**-2) Von D. Köhnen, 48 Seiten, durchgehend vierfarbig, mit Vorlagebogen, kart. ●

Fensterbilder Lustige Tiere
(**5210**-3) Von F. Michalski, 32 S., 47 Farbfotos, mit Vorlagebogen in Originalgröße, kart. ●

Fensterbilder Bauernhof
(**5264**-2) Von D. Köhnen, 48 Seiten, 44 Farbfotos, Vorlagebogen, kartoniert. ●

Fensterbilder Dinosaurier
(**5260**-X) Von C. Hüfner, 32 S., 8 Farbfotos, 47 Farbzeichnungen, Bastelbogen, kart. ●

Basteln mit Kindern
Fensterbilder Ritter und Burgen
(**5284**-7) Von D. Köhnen, 48 Seiten, durchgehend vierfarbig, mit Vorlagebogen, kart. ●

Mit Farben und Papieren
Fenster dekorieren
(**5255**-3) Von K. Groß, 32 Seiten, 8 Farbfotos, 59 Farbzeichnungen, kartoniert. ●

Basteln mit Kindern
Große Fensterbilder
(**5276**-6) Von D. Köhnen, 48 Seiten, durchgehend vierfarbig, mit Vorlagebogen, kart. ●

Originelle Fensterbilder
aus Tonpapier und Tonkarton
(**1305**-1) Von D. Köhnen, 64 Seiten, 70 Farbfotos, kartoniert. ●●

Die schönsten Fensterbilder
(**1066**-4) Von C. Kimmerle, 64 S., 100 Farbfotos, 7 Zeichnungen, kartoniert. ●●

Das Fensterbilder-Alphabet
Basteln mit Kindern ab 5 Jahren
(**5242**-1) Von E. Bohne, 32 S., ca. 50 Farbabb., mit Vorlagebogen in Originalgröße, kart. ●

Märchenhafte Fensterbilder
(**5185**-9) Von J. Maier, 32 S., 37 Farbfotos, mit Vorlagebogen in Originalgröße, kart. ●

Fensterbilder Blumen und Tiere
(**5186**-7) Von M. Twachtmann, 32 Seiten, 41 Farbfotos, 3 Zeichnungen, mit Vorlagebogen in Originalgröße, kartoniert. ●

Fensterbilder rund um die Welt
(**1411**-2) Von D. Köhnen, 64 Seiten, Vorlagebogen, 66 Farbfotos, kartoniert. ●●

Fensterbilder Zahlen
(**5268**-5) Von E. Bohne, 32 S., zahlr. Farbabbildungen, Vorlagebogen, kartoniert. ●

Fensterbilder Strand und Meer
(**5266**-9) Von B. Alex, 32 S., 57 Farbfotos, Vorlagebogen, kartoniert. ●

Fensterschmuck
Originelle Ideen für Dekorationen und Fensterbilder
(**1241**-1) Von D. Köhnen, 64 S., ca. 70 Farbfotos, Vorlagebogen, kartoniert. ●●

Klassisches Origami
Asiatische Faltkunst für Fortgeschrittene
(**1454**-6) Von P. D. Tuyen, ca. 80 Seiten, ca. 600 farbige Abbildungen, kartoniert. ●●

Sticker
Bastelspaß mit bunten Bildern
(**5270**-7) Von D. Dieterle und J. Reick, 48 S., 73 Farbfotos, mit Vorlagebogen, kartoniert. ●

Papierflieger
(**5157**-3) Von T. Gött, 32 S., 73 Farbf., 19 Zeichn., mit Vorlagebogen in Originalgröße, kart. ●

Windspielzeug
Bastelspaß mit Kindern ab 5 Jahren
(**5241**-3) Von D. Köhnen, 32 S., ca. 50 Farbabb., mit Vorlagebg. in Originalgröße, kart. ●

Flieger und Schiffe aus Papier
falten, ausbalancieren und steuern
(**1410**-4) Von C. Hüfner, ca. 80 Seiten, zahlr. Farbabbildungen, kartoniert. ●●

Faltschnitte
(**5257**-X) Von B. Blankenburg, 32 S., 12 Farbf., 42 Farbzeichn., Vorlagebogen, kartoniert. ●

Laternen und Lampions
(**5206**-5) Von C. Hüfner, 32 S., 60 Farbfotos, mit Vorlagebogen in Originalgröße, kart. ●

Mobiles aus Papier
(**5183**-2) Von J. Maier, 32 S., 17 Farbfotos, 35 Farbzeichnungen, mit Vorlagebogen in Originalgröße, kartoniert. ●

Tiermobiles
(**5258**-8) Von C. Hüfner, 32 Seiten, 57 Farbzeichnungen, Vorlagebogen, kartoniert. ●

Sonne, Mond und Sterne
Motive und Geschenkideen
(**5282**-0) Von D. Köhnen, 48 Seiten, durchgehend vierfarbig, mit Vorlagebogen, kart. ●

Bastelideen für Indianerspiele
(**5252**-9) Von B. Nelich, D. Velte, 32 Seiten, 38 Farbfotos, Vorlagebogen, kartoniert. ●

Der große Verkleidungsspaß
Kinderkostüme
(**1304**-3) Von C. Baumgarten, 53 Farbfotos, 183 Farbzeichn., Vorlagebogen, kart. ●●

Lustige Geschenk- und Schultüten
(**5263**-4) Von F. Michalski, 32 Seiten, 26 Farbfotos, Vorlagebogen, kartoniert. ●

Deco Art
Die Kunst, Geschenke zu verpacken
(**0949**-6) Von B. Niermann, 80 S., 78 Farbfotos, 191 Zeichnungen, kartoniert. ●●

Geschenke wunderschön verpacken
(**1113**-X) Von P. Jansen, 80 S., 79 Farbfotos, 166 Farbzeichnungen, kartoniert. ●●

Geschenke umweltfreundlich verpacken
(**1240**-3) Von P. Jansen, 64 S., vierfarbige Fotos und Illustrationen, kartoniert. ●●

Geldgeschenke
phantasievoll gestalten
(**5251**-0) Von P. Jansen, 32 Seiten, 49 Farbfotos, Vorlagebogen, kartoniert. ●

Geldgeschenke · Gutscheine · Geschenkanhänger
originell gestalten und verpacken
(**1115**-6) Von S. Haenitsch-Weiß, A. Weiß, 80 Seiten, 176 Farbfotos, kartoniert. ●●

Geschenke verpacken für Kinderfeste
(**5195**-6) Von C. Netolitzky, 32 S., 43 Farbfotos, mit Vorlagebogen in Originalgröße, kart. ●

Originelles Ambiente für Gäste
Festdekorationen
(**1049**-4) Von B. Niermann, 80 S., 125 Farbfotos, 59 Farbzeichn., kartoniert. ●●

Origineller Bastelspaß rund ums Herz
Motive und Geschenkideen
(**5272**-3) Von D. Köhnen, 48 Seiten, durchgehend vierfarbig, mit Vorlagebogen, kart. ●

Dekorative Schleifen
aus Bändern und Papier
(**5205**-7) Von M. Schorege, 32 S., 28 Farbfotos, 31 Farbzeichnungen, mit Vorlagebogen in Originalgröße, kartoniert. ●

Dekorieren und Arrangieren mit
Seidenblumen
(**5200**-6) Von M. L. Sprang, 32 S., 37 Farbfotos, 14 Farbzeichnungen, mit Vorlagebogen in Originalgröße, kartoniert. ●

Schmuck- und Glückwunschkarten
Papierarchitektur · Collagen · Faltschnittkarten
(**1114**-8) Von C. Sanladerer, 64 S., 55 Farbfotos, 31 Zeichnungen, kartoniert. ●●

Einladungs-, Tisch- und Menükarten
selbst gestalten
(**1302**-7) Von S. Haenitsch-Weiß, 80 Seiten, zahlreiche Farbabbildungen, kartoniert. ●●

Basteln mit Kindern
Moosgummi
(**5271**-5) Von A. und R. Schurr, 48 Seiten, durchgehend vierfarbig, mit Vorlagebogen, kartoniert. ●

Originell und Modern
Moosgummi
(**1354**-X) Von S. Boczkowski-Sigges, 56 Seiten, 92 Farbfotos, kartoniert. ●●

Osterschmuck
Neue Ideen für Kränze, Sträuße, Gestecke
(**5267**-7) Von I. Gleim, ca. 32 Seiten, zahlr. Farbabbildungen, kartoniert. ●

Basteln mit Kindern für
Ostern
(**5283**-9) Von V. Ettelt u.a., 48 Seiten, 12 Farbf., 83 Farbzeichnungen, mit Vorlagebg., kart. ●

Ostereier originell dekorieren
(**5219**-7) Von W. Velte, 32 S., 44 Farbfotos, mit Vorlagebogen in Originalgröße, kart. ●

Fensterbilder für die Osterzeit
(**5244**-8) Von R. Lübke, D. Lübke, 32 S., ca. 50 Farbf., mit Vorlagebg. in Originalg., kart. ●

Basteln für Ostern
(**5164**-6) Von Chr. Adjano, 32 S., 47 Farbfotos, mit Vorlagebogen in Originalgröße, kart. ●

Ostereier
Basteln mit Kindern ab 5 Jahren
(**5243**-X) Von Vera Ettelt, 32 Seiten, mit Spielebogen, kartoniert. ●

Tischdekorationen für Ostern
(**5220**-0) Von Chr. Adjano, 32 S., 49 Farbfotos, mit Vorlagebogen in Originalgröße, kart. ●

Basteln und dekorieren für
Advent und Weihnachten
(**4446**-1) Von G. Teusen, C. Netolitzky, 176 S., 285 Farbf., mit Bastelvorlagebg., Pappb. ●●●

Kinderbastelbuch
für Advent und Weihnachten
(**4687**-1) Von S. Wetzel-Maesmanns, 104 S., ca. 120 Farbfotos, ca. 300 Anleitungsillustrationen, Vorlagebogen, Pappband. ●●

Lustige Bastelideen für die
Weihnachtszeit
(**5256**-1) Von B. Löschenkohl, 32 S., 8 Farbfotos, 69 Farbzeichn., Vorlagebogen, kart. ●

Basteln für Weihnachten
(**5162**-X) Von Chr. Adjano, 32 S., 44 Farbfotos, mit Vorlagebogen in Originalgröße, kart. ●

Fensterbilder Winter und Weihnachten
(**5275**-8) Von F. Michalski, 48 S., 57 Farbfotos, Vorlagebogen, kartoniert. ●

Fensterdekorationen für die Weihnachtszeit
(**5181**-6) Von Y. Thalheim, H. Nadolny, 32 S., 33 Farbfotos, mit Vorlagebogen in Originalgröße, kartoniert. ●

Fensterbilder für Advent und Weihnachten
(**5211**-1) Von M. Schorege, 32 S., 24 Farbf., 15 Zeichn., mit Vorlagebg. in Originalg., kart. ●

Strohsterne
in bunter Vielfalt
(**5273**-1) Von M. Schorege, 48 S., 46 Farbfotos, Vorlagebogen, kartoniert. ●

Duftender Weihnachtsschmuck
aus Tonpapier und Potpourris
(**5254**-1) Von S. Wetzel-Maesmanns, 32 Seiten, 38 Farbfotos, Vorlagebogen, kartoniert. ●

Duftsträuße und Potpourris
(**1239**-X) Von A. Effelsberg, 80 Seiten, ca. 200 vierfbg. Abbildungen, kartoniert. ●●

Potpourris
Rezepturen und Geschenkideen
(**5265**-0) Von U. Altmann, 32 Seiten, 53 Farbfotos, kartoniert. ●

Trockenblumen
Gewürzsträuße, Gestecke, Kränze, Buketts
(**0643**-8) Von R. Strobel-Schulze, 88 Seiten, 170 Farbfotos, kartoniert. ●●

Phantasievolles Schminken
Verzauberte Gesichter für Maskeraden, Laienspiele und Kinderfeste
(**0907**-0) Hrsg.: H. u. Y. Nadolny, 64 Seiten, 227 Farbfotos, kartoniert. ●●

Schminken für Kinder
(**5177**-8) Von Y. Thalheim, H. Nadolny, 32 S., 68 Farbfotos, mit Vorlagebogen in Originalgröße, kartoniert. ●

Do it yourself und Technik

Moderne Fotopraxis
(**4401**-1) Von G. Koshofer, Prof. H. Wedewardt, 224 S., 363 Farbfotos, 106 s/w-Fotos, 5 Farb- und 24 s/w-Zeichnungen, Pappband. ●●●●

So macht man bessere Fotos
(**1158**-X) Von G. Koshofer, 144 S., 259 Farbfotos, 25 s/w-Fotos, kartoniert. ●●

So macht man bessere Kinderfotos
(**1459**-7) Von G. Koshofer, ca. 120 Seiten, ca. 260 farbige Abbildungen, kartoniert. ●●●

Kodak Photo CD
Bilder archivieren, bearbeiten, präsentieren
(**4388**-0) Von H. Freund, ca. 176 Seiten, durchgehend vierfarbig, kartoniert. ●●●

Videografieren
Filmen mit Video 8. Technik – Bildgestaltung – Schnitt – Vertonung.
(**0843**-0) Von M. Wild, K. Möller, 120 Seiten, 101 Farbfotos, 22 s/w-Fotos, 52 Zeichnungen, kartoniert. ●●●

Videografieren perfekt
Profitricks für Aufnahmetechnik und Nachbearbeitung
(**0969**-0) Von W. Schild, 120 S., 144 Farbabbildungen, 5 s/w-Zeichnungen, kart. ●●●

Besser VIDEOfilmen
Moderne Technik für perfekte Videos
(**1458**-9) Von W. Schild, ca. 160 Seiten, zahlreiche Farbabbildungen, kartoniert. ●●●

Videofilmen wie ein Profi
Technik · Motive · Filmaufbau · Nachbearbeitung
(**4506**-9) Von T. Pehle, 232 S., 444 Farbfotos, 61 zweifbg. Zeichnungen, Pappband. ●●●●

Do it yourself
Heimwerken
(**4117**-9) Von T. Pochert, 456 S., 1103 Farbfotos, 100 Farbabb., Pappband. ●●●●

Drechseln
Material · Technik · Beispiele
(**1306**-X) Von O. Maier, 72 S., 195 Farbabbildungen, 14 s/w-Zeichnungen, kartoniert. ●●

Do it yourself
Dachgeschoß- und Innenausbau
(**1243**-8) Von M. Maurer, 96 S., 314 Farbfotos, 35 Zeichn., kartoniert. ●●

Do it yourself
Sanitärinstallationen
(**1118**-0) Von W. Kawlath, 96 Seiten, 214 Farbabbildungen, kartoniert. ●●

Do it yourself
Metall bearbeiten
(**1119**-9) Von O. Maier, 96 S., 230 Farbfotos, 6 s/w-Zeichnungen, kartoniert. ●●

Do it yourself
Elektroarbeiten
(**0975**-5) Von K. H. Schubert, 120 S., 193 Farbfotos, 40 Zeichnungen, kartoniert. ●●

Möbel im Designer-Stil
entwerfen und bauen
(**1360**-4) Von H.-W. Bastian, ca. 64 Seiten, zahlr. Farbabbildungen, kartoniert. ●●●

Möbel für Kinderzimmer und Wohnbereich
(**1456**-2) Von H.-W. Bastian, 80 Seiten, vierfarbig, kartoniert. ●●

Schnitzen
Hölzer · Muster · Werkzeuge
(**1414**-7) Von O. Maier, ca. 64 Seiten, zahlr. Farbabbildungen, kartoniert. ●●

Modellbauelektronik
Fernsteuerungen für Autos, Schiffe, Flugzeuge
(**1361**-2) Von W. Kawlath, 80 Seiten, zahlr. Farbabbildungen, kartoniert. ●●

Alarmanlagen
für Wohnung, Haus, Auto
(**1308**-6) Von H.-W. Bastian, 64 Seiten, 81 Farbfotos, 32 Zeichnungen kartoniert. ●●

Solarstromanlagen
bauen und installieren
(**1457**-0) Von P. Röbke-Doerr, E. Steffens, ca. 80 Seiten, ca. 200 farbige Abbildungen, kartoniert. ●●

Hifi-Boxen
(**1307**-8) Von U. Hilgefort, 96 S., 160 Farbfotos, 49 Zeichnungen, kartoniert. ●●

Technik im Garten
Pumpen · Filter · Beleuchtung
(**1238**-1) Von H.-W. Bastian, 64 S., 90 Farbfotos, 17 Farbzeichnungen, kartoniert. ●●

Restaurieren von Möbeln
Stilkunde, Materialien, Techniken, Arbeitsanleitungen in Bildfolgen.
(**4120**-9) Von E. Schnaus-Lorey, 152 S., 37 Farbf., 75 s/w-Fotos, 352 Zeichn., Pappbd. ●●●●

Elektronik als Hobby
Von der Grundlagenschaltung zum integrierten Schaltkreis
Mit 8 wichtigen Universalplatinen
(**4293**-0) Von W. Priesterath, 264 S., 80 s/w-Fotos, 128 Zeichn., Pappband. ●●●●

Die Super-Sportwagen der Welt
(**4423**-2) Von H. G. Isenberg, 194 S., 184 Farbfotos, 4 farbige Ausklapptafeln, 32 s/w-Fotos, Pappband. ●●●●

Die Super-Rennwagen der Welt
(**4707**-X) Von H. G. Isenburg, 194 Seiten, 189 Farbf., 31 s/w-Fotos, Pappband. ●●●●

Die Super-Trucks der Welt
(**4257**-4) Von H. G. Isenberg, 194 Seiten, 205 Farbfotos, 87 s/w-Fotos, 7 Farbzeichn., 4 farbige Ausklapptafeln, Pappbd. ●●●●

Die Super-Motorräder der Welt
(**4193**-4) Von H. G. Isenberg, 192 Seiten, 170 Farb- und 100 s/w-Fotos, 8 Zeichnungen, Pappband. ●●●●

Die Super-Eisenbahnen der Welt
(**4287**-6) Von W. Kosak, H. G. Isenberg, 224 S., 269 Farbfotos, 79 s/w-Fotos, 8 Vignetten, 5 farbige Ausklapptafeln, Pappband. ●●●●

Die Super-Dampfloks der Welt
(**4480**-1) Von H. Faust, H. G. Isenberg, 194 Seiten, 193 Farbfotos, mit vier Ausklapptafeln, Pappband ●●●●

Plastikmodellbau
Autos, Schiffe, Flugzeuge in vollendeter Technik.
(**1116**-4) Von W. Kawlath, 96 Seiten, 272 Farbabbildungen, kartoniert. ●●

Spiele und Denksport

Spielbare Witze für Kinder
(**0824**-4) Von H. Schmalenbach, 112 Seiten, 30 Zeichnungen, kartoniert. ●

Neue spielbare Witze für Kinder
(**1173**-3) Von H. Schmalenbach, 96 Seiten, 31 Zeichnungen, kartoniert. ●

Scherzfragen, Drudel und Blödeleien
gesammelt von Kindern.
(**0506**-7) Hrsg. von W. Pröve, 80 Seiten, 57 Zeichnungen, kartoniert. ●

Spiele mit Papier und Bleistift
(**2044**-9) Von K.-H. Koch, ca. 96 Seiten, kartoniert. ●

Der Elefant in meiner Hand . . .
Fingerspiele
für Kinder vom Baby – bis zum Grundschulalter
(**2043**-0) Von G. Falkenberg, 72 Seiten, 146 Farbzeichnungen, kartoniert. ●

Kinderspiele
die Spaß machen
(**2009**-0) Von H. Müller-Stein, 104 Seiten, 28 Abbildungen, kartoniert. ●

Kinderspiele mit Buchstaben und Wörtern
(**1041**-9) Von Dr. U. Vohland, 96 Seiten, 54 Zeichnungen, kartoniert. ●

Spiel und Spaß am Krankenbett
für Kinder und die ganze Familie
(**2035**-X) Von H. Bücken, 96 Seiten, 97 Zeichnungen, kartoniert. ●

Spiele im Freien
(**2038**-4) Von G. Wagner, 88 S., 20 zweifbg.-Zeichnungen, kartoniert. ●

Spiel und Spaß zu Hause
(**2039**-2) Von U. Geißler, 80 S., 90 zweifbg. Abbildungen, kartoniert. ●

Spiel und Spaß auf Reisen
Für Kinder und die ganze Familie
(**1085**-0) Von U. Geißler, 80 S., 107 zweifbg.-Zeichnungen, kartoniert. ●

Kleine Spiele ganz groß
(**1330**-2) Von U. Vohland, 80 Seiten, 93 s/w-Zeichnungen, kart. ●

Entdeckungsspiele für die ganze Familie
Rallyes zu Fuß und mit dem Fahrrad
(**1393**-0) Von U. Vohland, 96 S., 117 Zeichnungen, kartoniert. ●●

Kinder spielen Theater
(**4696**-0) Von G. Walter, 160 S., 48 Farbfotos, 229 Farbzeichnungen, Pappband. ●●●

Guten Tag, Kinder!
Neue Texte mit Spielanleitungen fürs Kasperletheater.
(**0861**-9) Von U. Lietz, 96 S., 18 s/w-Zeichnungen, kartoniert. ●

Kasperletheater
Spieltexte und Spielanleitungen · Basteltips für Theater und Puppen.
(**0641**-1) Von U. Lietz, 114 Seiten, 4 Farbtafeln, 12 s/w-Fotos, 39 Zeichnungen, kartoniert. ●●

Kindergeburtstage, die keiner vergißt
Planung, Gestaltung, Spielvorschläge.
(**0698**-5) Von G. und G. Zimmermann, 104 S., 80 Vignetten, kartoniert. ●

Kindergeburtstag
Vorbereitung, Spiel und Spaß.
(**0287**-4) Von Dr. I. Obrig, 136 S., 40 Abb., 11 Zeichn., 9 Lieder mit Noten, kart. ●●

Unvergeßliche Kindergeburtstage
(**4705**-3) Von G. Hennekemper, 176 S., 116 Farbfotos, 134 Farbzeichn., Pappband. ●●●

Unvergeßliche Kinderpartys
Tolle Ideen für Einladungen, Dekorationen und Spiele
(**4756**-8) Von V. Mirschel, 112 S., zahlreiche Farbfotos und -zeichnungen, gebunden. ●●●

Unvergeßliche Kinderfeste
Tolle Dekorationen, Spiele, Sketche für drinnen und draußen
(**4457**-7) Von Dr. G. Hennekemper, 192 S., 111 Farbfotos, 214 Farb- und 14 s/w-Zeichnungen, 4 S. Schnittmuster, Pappband. ●●●

Spielen mit den Allerkleinsten
(**4691**-X) Von S. Horak, 128 S., 47 Farbfotos, Pappband. ●●●

Lauter tolle Sachen, die Kinder gerne machen
(**4731**-2) Hrsg. U. Barff., 352 S., 117 Farbfotos, 778 Farbzeichnungen, Pappband. ●●●●

Das große bunte Spielebuch
für Kinder von 2 bis 6 Jahren
(**4543**-3) Von R. Grabbet, 160 S., 312 Farbabbildungen, Pappband. ●●●

Mein kunterbuntes Ratebuch
Rätselspiele mit Bildern und Wörtern für Kinder von 7 bis 10 Jahren
(**4697**-9) Von D. und R. Zey, ca. 144 Seiten, durchgehend vierfarbig, gebunden. ●●●

Neues Buch der siebzehn und vier Kartenspiele
(**0095**-2) Von K. Lichtwitz, 96 S., kartoniert. ●

Alles über Pokern
Regeln und Tricks.
(**2024**-4) Von C. D. Grupp, 112 S., 29 Kartenbilder, kartoniert. ●

Rommé und Canasta
in allen Variationen.
(**2025**-2) Von C. D. Grupp, 88 S., 24 Zeichnungen, kartoniert. ●

Doppelkopf, Schafkopf, Binokel, Cego, Tarock und andere Stammtischspiele.
(**2015**-5) Von C. D. Grupp, 112 S., kartoniert. ●

Das Skatspiel
Eine Fibel für Anfänger
(**0206**-8) Von K. Lehnhoff, 96 S., kartoniert. ●

Spielend Skat lernen
unter freundlicher Mitarbeit des Deutschen Skatverbandes
(**2005**-8) Von Th. Krüger, 120 Seiten, 181 s/w-Fotos, 22 Zeichnungen, kart. ●●

Patiencen
in Wort und Bild. (**2003**-1) Von I. Wolter-Rosendorf, 120 Seiten, kartoniert. ●

Neue Patiencen
(**2036**-8) Von H. Sosna, 160 Seiten, 43 Farbtafeln, kartoniert. ●●

Spielend Bridge lernen
(**2012**-0) Von J. Weiss, 96 Seiten, 58 Zeichnungen, kartoniert. ●

Spieltechnik im Bridge
(**2004**-X) Von V. Mollo und N. Gardener, dt. Adaption von D. Schröder, 152 S., kart. ●●●

Neue Kartentricks
(**2027**-9) Von K. Pankow, 104 Seiten, 20 Abbildungen, kartoniert. ●

Das japanische Brettspiel Go
(**2020**-1) Von W. Dörholt, 104 S., 182 Diagramme, kart. ●

Spielend Go lernen
(**2041**-4) Von H. Otake, S. Futakuchi, 192 S., 615 s/w-Zeichnungen, kartoniert. ●●

Mah-Jongg
Das chinesische Glücks-, Kombinations- und Gesellschaftsspiel. (**2030**-9) Von U. Eschenbach, 80 S., 30 s/w-Fotos, 5 Zeichn., kart. ●

Backgammon
für Anfänger und Könner. (**2008**-2) Von G. W. Fink und G. Fuchs, 104 S., 41 Abb., kart. ●

Einführung in das Schachspiel
(**0104**-5) Von W. Wollenschläger und K. Colditz, 112 S., 116 Diagramme, kartoniert. ●

Schach, das königliche Spiel
Von den Grundzügen zum strategischen Spiel.
(**1105**-9) Von T. Schuster, 192 S., 302 Diagramme, kart. ●●

Spielend Schach lernen
(**2002**-3) Von T. Schuster, 96 S., , kartoniert. ●

Kinder- und Jugendschach
Offizielles Lehrbuch des Deutschen Schachbundes zur Erringung der Bauern-, Turm- und Königsdiplome.
(**0561**-X) Von B. J. Withuis, H. Pfleger, 144 S., 220 Zeichnungen und Diagramme, kart. ●●

Zug um Zug
Schach für jedermann 1
Offizielles Lehrbuch des Deutschen Schachbundes zur Erringung des Bauerndiploms.
(**0648**-9) Von H. Pfleger, E. Kurz, 80 Seiten, 24 s/w-Fotos, 8 Zeichnungen, 60 Diagramme, kartoniert. ●●

Zug um Zug
Schach für jedermann 2
Offizielles Lehrbuch des Deutschen Schachbundes zur Erringung des Turmdiploms.
(**0659**-4) Von H. Pfleger, E. Kurz, 128 Seiten, 7 s/w-Fotos, 13 Zeichnungen, 78 Diagramme, kartoniert. ●●

Zug um Zug
Schach für jedermann 3
Offizielles Lehrbuch des Deutschen Schachbundes zur Erringung des Königsdiploms.
(**0728**-0) Von H. Pfleger, G. Treppner, 128 S., 4 s/w-Fotos, 84 Diagr., 10 Zeichn., kart. ●●

Schach für Fortgeschrittene
Taktik und Probleme des Schachspiels
(**0219**-X) Von R. Teschner, 88 Seiten, 85 Diagramme, kartoniert. ●

Neue Schacheröffnungen
(**0478**-8) Von T. Schuster, 104 Seiten, 100 Diagramme, kartoniert. ●

Würfelspiele
für jung und alt. (**2007**-4) Von F. Pruss, 112 S., 21 s/w-Zeichnungen, kartoniert. ●

Roulette richtig gespielt
Systemspiele, die Vermögen brachten.
(**0121**-5) Von M. Jung, 96 S., zahlreiche Tabellen, kartoniert. ●

Spiele für Party und Familie
(**2014**-7) Von Rudi Carrell, 80 S., 22 Zeichnungen, kartoniert. ●

Neue Spiele für Ihre Party
(**2022**-8) Von G. Blechner, 120 S., 54 Zeichnungen, kartoniert. ●

Lustige Tanzspiele und Scherztänze
für Partys und Feste.
(**0165**-7) Von E. Bäulke, 80 S., 53 Abb., kart. ●

Das Spiel mit der Schwerkraft
Jonglieren
Mit Bällen, Keulen, Ringen und Diabolo.
(**1009**-5) Von S. Peter, 80 S., 149 Farbfotos, kartoniert. ●

Zaubern
einfach – aber verblüffend.
(**2018**-X) Von D. Bouch, 84 Seiten, 41 Zeichnungen, kartoniert. ●

Tips, Tricks und Gewinnstrategien für Game-Boy-Spiele
(**1235**-7) Von René Zey, 176 Seiten, 100 Zeichnungen, kartoniert. ●●

Neue Game-Boy-Spiele
Sport, Action und Adventure
(**1325**-6) Von R. Zey, 176 Seiten, 21 s/w-Zeichnungen, kartoniert. ●●

Alles über Super-Nintendo-Spiele
Technik, Tips und Facts
(**1340**-X) Von D. Mark, 104 S., zahlreiche Farbabbildungen, kartoniert. ●●

Das 3. Glücksrad Rätselbuch
(**1391**-4) 160 Seiten, kartoniert. ●●

Rätselspiele
Quiz- und Scherzfragen für gesellige Stunden
(**1270**-5) Von K. H. Schneider, ca. 80 Seiten, ca. 80 s/w-Abbildungen, kartoniert. ●

Knobeleien und Denksport
(**2019**-8) Von K. Rechberger, 142 Seiten, 105 Zeichnungen, kartoniert. ●

So feiert man Feste fröhlicher
Heitere Vorträge und Gedichte
(**0098**-7) Von Dr. Allos, 96 Seiten, 15 Abbildungen, kartoniert. ●

Die große Lachparade
Neue Texte für heitere Vorträge und Ansagen
(**0188**-6) Von E. Müller, 80 S., kartoniert. ●

Rat und Wissen

Der gute Ton
in Gesellschaft und Beruf.
(**0063**-4) Von I. Wolter, 80 S., 42 s/w-Fotos, 7 Zeichnungen, kartoniert. ●

Der gute Ton
im Privatleben.
(**1111**-3) Von I. Wolter, bearbeitet von Wolf Stenzel, 104 S., 42 s/w-Abbildungen, kart. ●

Umgangsformen heute
Die Empfehlungen des Fachausschusses für Umgangsformen.
(**4015**-6) 252 S., 108 s/w-Fotos, 17 Zeichnungen, Pappband. ●●●

Abc der modernen Umgangsformen
(**4754**-1) Von I. Wolff, ca. 300 Seiten, zahlreiche Abbildungen, gebunden. ●●●

Benehmen bei Tisch
(**0988**-7) Von I. Cording, 80 S., 90 Farbfotos, 5 s/w-Zeichnungen, kartoniert. ●●

Krawatten
Fliegen, Schals und Tücher gekonnt binden
(**1072**-9) Von Y. Thalheim, H. Nadolny, 48 S., 129 Farbfotos, 1 s/w-Foto, Pappband. ●

freundin
Farbberatung
Alle Farben, die Ihnen wirklich stehen
(**4520**-4) Von Chr. Buscher, 128 Seiten, 175 Farbfotos, Pappband. ●●●●

freundin
Das perfekte Make-up
(**4727**-4) Von M. Rüdiger, H. Kirchberger, G. Mergenburg, 128 Seiten, 271 Farbfotos, Pappband. ●●●●

freundin
Der große Ratgeber
Body Fitness
Diät · Pflege · Bräune · Gymnastk · Anti-Cellulite-Programm
(**4758**-4) Von M. Bückmann u.a., ca. 128 S., durchgehend vierfarbig, gebunden. ●●●●

freundin Ratgeber
Hochzeit feiern
(**4702**-2) Von C. von Hoerner-Nitsch, I. Weber, K. Riebartsch, C. von Bernuth, 128 Seiten, 188 Farbfotos., 28 s/w-Fotos, Pappbd. ●●●●

freundin
Typ & Frisur
(**4695**-2) Von E. Bolz, 128 S., 219 Farbfotos, Pappband. ●●●●

Gedichte, Reden und Sketche
für grüne, silberne u. goldene Hochzeitstage
(**1269**-1) Von F. Rieder, 160 S., durchgehend vierfarbig, Pappband. ●●

Von der Verlobung zur Goldenen Hochzeit
(**0393**-5) Von E. Runge, 112 Seiten, kartoniert. ●

Hochzeitszeitungen
Tolle Ideen für Leute von heute
(**1379**-5) Von Y. Thalheim, 80 S., 160 zweifbg. Abbildungen, kartoniert. ●●

Die Silberhochzeit
Vorbereitung · Einladung · Geschenkvorschläge · Dekoration · Festablauf · Menüs · Reden · Glückwünsche. (**0542**-3) Von K. F. Merkle, 112 S., 41 Zeichnungen, kartoniert. ●

Geburtstagsfeiern für jedes Alter
Planung und Festgestaltung
(**1382**-5) Von S. Ahrndt, 120 S., 145 Farbfotos, 28 Farbzeichnungen, kartoniert. ●●

Geburt und Taufe feiern
Planung und Festgestaltung
(**1443**-0) Von S. Ahrendt, 112 Seiten, 46 Farbzeichn., kartoniert. ●●

Wie soll es heißen?
(**0211**-4) Von D. Köhr, 136 S., kartoniert. ●

Unsere beliebtesten Vornamen
(**1023**-0) Von A. F. W. Weigel, 160 Seiten, 75 s/w-Fotos, Pappband. ●●

Die schönsten Vornamen
(**4755**-X) Hrsg. Dr. D. Voorgang, ca. 208 Seiten, über 100 Farbzeichnungen, gebunden. ●

Kindergedichte, Lieder und Sketche für Hochzeitsfeiern
(**1112**-1) Von B. Lins, 72 Seiten, 26 farbige Abbildungen, 15 Lieder, kartoniert. ●

Neue Kindergedichte und Lieder für Hochzeitsfeste
(**1431**-7) Von A. Schweiggert, 80 S., 27 s/w-Zeichnungen, kartoniert. ●

Kindergedichte rund ums Jahr
(**1040**-0) Von A. Schweiggert, 80 Seiten, 49 Zeichnungen, 6 Vignetten, kartoniert. ●

Kindergedichte für alle Tage und Feste
Freu dich, daß noch Blumen sprießen …
(**1489**-9) Von G. Rudolf, 160 S., durchgehend zweifarbig, gebunden. ●●

Ins Gästebuch geschrieben
(**0576**-8) Von K. H. Trabeck, 96 Seiten, 24 Zeichnungen, kartoniert. ●

Der Verseschmied
Kleiner Leitfaden für Hobbydichter.
(**0597**-0) Von T. Parisius, 96 Seiten, 28 Zeichnungen, kartoniert. ●

Mach' dir einen Reim
Der moderne Verseschmied
(**1433**-3) Von G. Rudorf, 192 S., Pappband. ●●

Die schönsten Volkslieder
(**0432**-X) Hrsg. D. Walther, 128 S., mit Noten und Zeichnungen, kartoniert. ●

Alte und neue
Wanderlieder
(**1268**-3) Von P. G. Walter, 96 S., zweifarbig, kartoniert. ●●

Neue Glückwunschfibel
für groß und klein.
(**0156**-8) Von R. Christian-Hildebrandt, 96 S., 13 Vignetten, kartoniert. ●

Großes Buch der Glückwünsche
(**0255**-6) Hrsg. von O. Fuhrmann, 176 S., 77 Zeichnungen und viele Gestaltungsvorschläge, kartoniert. ●●

Wetter und Wind ändern sich geschwind
Beliebte Bauernregeln
(**1267**-5) Von G. Haddenbach, ca. 80 Seiten, ca. 30 zweifarbige Illustrationen, kart. ●

Beliebte Verse fürs Poesiealbum
Rosen, Tulpen, Nelken …
(**0431**-1) Von W. Pröve, 96 Seiten, 11 Faksimile-Abbildungen, kartoniert. ●

Verse fürs Poesiealbum
(**0241**-6) Von I. Wolter, 120 Seiten, 20 Abbildungen, kartoniert. ●

Heiter und besinnliche
Verse fürs Poesiealbum
(**1069**-9) Von B. H. Bull, 160 Seiten, 70 zweifarbige Illustrationen, Pappband. ●●

Klassische Verse und Zitate
Für Glückwünsche, Briefe, Reden und Poesiealben
(**1223**-3) Von P. Motzan, 224 Seiten, 40 Abbildungen, Pappband. ●●

Die Kunst der freien Rede
Ein Intensivkurs mit vielen Übungen, Beispielen und Lösungen.
(**4189**-6) Von G. Hirsch, 232 Seiten, 11 Zeichnungen, Pappband. ●●●

Trinksprüche, Gästebuchverse, Richtsprüche
(**0224**-6) Von D. Kellermann, 96 Seiten, kartoniert. ●

Glückwünsche, Toasts und Festreden zu Polterabend und Hochzeit
(**0264**-5) Von I. Wolter, 112 Seiten, 18 Zeichnungen, kartoniert. ●

Trinksprüche und Festreden
(**1321**-3) Von L. Metzner, 144 S., 13 zweifarbige Zeichnungen, Pappband. ●●

Grußworte
für Gemeindefeiern, Vereinsjubiläen und andere offizielle Anlässe
(**4741**-X) Von M. Adam, 192 S., Pappbd. ●●

Moderne Reden und Ansprachen
(**4742**-8) Von M. Adam, 464 Seiten, Pappband. ●●●●

Reden zu Familienfesten
(**0675**-6) Von G. Georg, 112 S., kartoniert. ●

Reden im Verein
Musteransprachen für viele Gelegenheiten
(**0703**-5) Von G. Georg, 112 S., kartoniert. ●

Reden zum Jubiläum
Musteransprachen für viele Gelegenheiten
(**0595**-4) Von G. Georg, 112 S., kartoniert. ●

Reden und Sprüche zu Grundsteinlegung, Richtfest und Einzug
(**0598**-0) Von A. Bruder, G. Georg, 96 Seiten, kartoniert. ●

Die überzeugende Rede
Mehr Erfolg durch bessere Rhetorik
(**0076**-6) Von K. Wolter, G. Kunz, 96 Seiten, kartoniert. ●

Moderne Korrespondenz
Handbuch für erfolgreiche Briefe
(**4014**-8) Von H. Kirst und W. Manekeller, 544 Seiten, Pappband. ●●●●

Musterbriefe
für alle Gelegenheiten.
(**0231**-9) Hrsg. von O. Fuhrmann, 240 Seiten, kartoniert. ●●

Der moderne Brief
Geschäfts- und Privatkorrespondenz empfängerorientiert schreiben
(**1440**-6) Von Dr. G. Reinert-Schneider, 112 S., 44 s/w-Zeichn., kartoniert. ●●

Geschäftsbriefe
zeitgemäß und stilsicher
(**1323**-X) Von G. Briese-Neumann, 152 S., kartoniert. ●●

Geschäftliche Briefe
für Privatleute, Handwerker und Kaufleute
(**0041**-3) Von G. Briese-Neumann, ca. 120 S., kartoniert. ●

Einladungen texten und gestalten
(**1484**-8) Von R. Zey und A. Bellingen, ca. 80 S., kartoniert. ●

Privatbriefe
Muster für alle Gelegenheiten.
(**0114**-2) Von I. Wolter-Rosendorf, 112 S., kart. ●

Erfolgstips für den Schriftverkehr
Briefgestaltung · Rechtschreibung · Zeichensetzung · Stil. (**0678**-0) Von U. Schoenwald, 112 Seiten, kartoniert. ●

Behördenkorrespondenz
Musterbriefe · Anträge · Einsprüche
(**0412**-5) Von E. Ruge, 112 S., kartoniert. ●

Worte und Briefe der Anteilnahme
(**0464**-8) Von E. Ruge, M. Adam, 88 Seiten, mit vielen Abbildungen, kartoniert. ●

Briefe zu Geburt und Taufe
Glückwünsche und Danksagungen. (**0802**-3) Von H. Beitz, 96 S., 12 Zeichnungen, kart. ●

FALKEN Rechtsberater
Fallbeispiele · Musterbriefe · Gerichtsurteile
(**4734**-7) Hrsg. S. von Hasseln, 756 Seiten, Pappband. ●●●●

Alles, was man über Erziehungsgeld, Mutterschutz, Erziehungsurlaub wissen muß
Das neue Recht für Eltern
(**0835**-X) Von K. Möcks, A. Schmitt, 144 S., kartoniert. ●●

Alles, was man über die nichteheliche Lebensgemeinschaft wissen muß
(**1071**-0) Von T. Drewes, 104 Seiten, 8 s/w-Zeichnungen, kartoniert. ●●

Scheidung und Unterhalt
nach dem neuen Eherecht.
(**0403**-6) Von T. Drewes, 112 S., mit Kosten und Unterhaltstabellen, kartoniert. ●●

Alles, was man über
Eheverträge
wissen muß
(**1483**-X) Von T. Münster, 128 Seiten, kartoniert. ●●

Alles, was man über Scheidung und Unterhalt wissen muß
(**1264**-0) Von T. Drewes, 128 Seiten, kartoniert. ●●

Alles, was man über Renten wissen muß
Mit Rentenreformgesetz 1992
(**1265**-9) Von K. Möcks, A. Schmitt, 112 Seiten, kartoniert. ●●

Rasthaus-Ratgeber
Kinder haben keine Bremse
Verkehrserziehung für Kinder ab 3 Jahren
(**1497**-X) Von H.-D. Barth, 80 S, durchgehend vierfarbig, kartoniert. ●●

Rasthaus-Ratgeber
Stop dem Autoklau
Die wirksamsten Methoden gegen Autodiebstahl
(**1485**-6) Von M. Maurer, 64 Seiten, durchgehend vierfarbig, kartoniert. ●●

Rasthaus-Ratgeber
Gebrauchtwagenkauf
Auswahl · Bewertung · Kaufvertrag
(**1498**-8) Von U. Traub, 80 Seiten, durchgehend vierfarbig, kartoniert. ●●

Wolfgang Büsers Erfolgstips
Rentenreform '92
(**1244**-6) Von W. Büser, 80 S., kartoniert. ●

Wolfgang Büsers Erfolgstips
Teilzeitarbeit
(**1266**-7) Von W. Büser, 80 S., kartoniert. ●●

Wolfgang Büsers Erfolgstips
(Lohn-) Einkommensteuer '92
Aktuell: Zinssteuer '93
(**1324**-8) Von W. Büser, 176 S., kartoniert. ●●

Vermögensbildung mit System
Anlageformen · Strategien · Praxistips
(**1445**-7) Von W. Schwanfelder, 160 Seiten, kartoniert. ●●

Alles, was man über BAföG wissen muß
(**1387**-6) Von A. Mengeringhausen, 144 Seiten, kartoniert. ●●

Testament und Erbschaft
Erbfolge, Rechte und Pflichten der Erben, Erbschafts- und Schenkungssteuer, Mustertestamente. (**4139**-X) Von T. Drewes, R. Hollender, 304 Seiten, Pappband. ●●●

Erbrecht und Testament
(**0046**-4) Von H. Wandrey, 124 S., kart. ●

Alles, was man über Testament und Erbschaft wissen muß
(**0939**-9) Von T. Drewes, 136 Seiten, 9 s/w-Zeichnungen, kartoniert. ●●

Mietrecht
Leitfaden für Mieter und Vermieter
(**0479**-6) Von J. Beuthner, 196 S., kart. ●●

Haushaltstips
praktisch und umweltfreundlich
(**1046**-X) Von K. Winkell, 96 Seiten, 36 Zeichnungen, kartoniert. ●

Texte für den Anrufbeantworter
(**1389**-2) Von G. Kunz, 80 S., 12 s/w-Zeichnungen, kartoniert. ●

Alles, was man über den Umgang mit Behörden wissen muß
(**1390**-6) Von K. Möcks, A. Schmitt, 132 Seiten, kartoniert. ●●

Wege zum Börsenerfolg
Aktien · Anleihen · Optionen
(**4275**-2) Von H. Krause, 252 S., 4 s/w-Fotos, 86 Zeichnungen, Pappband. ●●●●

Wörter und Unwörter
Sinniges und Unsinniges der deutschen Gegenwartssprache
(**1401**-7) Hrsg. Gesellschaft für deutsche Sprache, 176 Seiten, kartoniert. ●●●

Richtige Groß- und Kleinschreibung
durch neue, vereinfachte Regeln. Erläuterungen der Zweifelsfragen anhand vieler Beispiele.
(**0897**-X) Von Prof. Dr. Ch. Stetter, 96 Seiten, kartoniert. ●

Gutes Deutsch schreiben und sprechen
(**4432**-1) Von W. Manekeller, Dr. G. Reinert-Schneider, 416 S., durchgehend zweifarbig, Pappband. ●●●●

Mehr Erfolg in der Schule
Deutsche Rechtschreibung und Grammatik
Übungen und Beispiele für die Klassen 5–10.
(**4407**-0) Von K. Schreiner, 256 S., durchgehend zweifarbig, Pappband. ●●●●

Diktate besser schreiben
Übungen zur Rechtschreibung für die Klassen 4 bis 8
(**0469**-9) Von K. Schreiner, 152 S., 31 Zeichnungen, kartoniert. ●●

Deutsche Grammatik
Ein Lern- und Übungsbuch
(**0704**-3) Von K. Schreiner, 122 S., kart. ●●

Aufsätze besser schreiben
Förderkurs für die Klassen 4–10
(**0429**-X) Von K. Schreiner, 144 Seiten, 31 Abb., kartoniert. ●●

Mehr Erfolg in der Schule
Der Deutschaufsatz
Übungen und Beispiele für die Klassen 5–10.
(**4271**-X) Von K. Schreiner, 240 S., 4 s/w-Fotos, 51 Zeichnungen, Pappband. ●●●●

Mehr Erfolg in der Schule
Deutsch
Textinterpretation, Literaturgeschichte und Stilkunde
(**4483**-6) Von K. Schreiner, 272 S., 43 zweifarbige Zeichnungen, Pappband. ●●●●

Gedächtnistraining mit Eselsbrücken
(**1388**-4) Von W. Ettig, 96 S., 36 s/w-Zeichnungen, kartoniert. ●

Geschichte
Von der Französischen Revolution bis zur Gegenwart
(**4723**-1) Von K. Schreiner, 256 S., 50 s/w-Fotos, 10 Farbzeichnungen, 6 zweifarbige Landkarten, Pappband. ●●●●

Geographie
Natürliche Grundlagen · Gestaltung der Umwelt · Die Staaten der Erde
(**4724**-X) Von V. Disch, 256 S., ca. 40 Karten und Grafiken, Pappband. ●●●●

Mehr Erfolg in der Schule
Mathematik 1
Arithmetik und Algebra. Übungen, Beispiele und Lösungen für die Klassen 5 bis 10.
(**4420**-8) Von R. Müller-Fonfara, 256 Seiten, 193 Zeichn., 2 s/w-Fotos, Pappband. ●●●●

Mehr Erfolg in der Schule
Mathematik 2
Geometrie, Statistik, Wahrscheinlichkeitsrechnung und kaufmännisches Rechnen
(**4456**-9) Von R. Müller-Fonfara, W. Scholl, 256 Seiten, 6 s/w-Fotos, 304 Zeichnungen, Pappband. ●●●●

Mathematische Formeln für Schule und Beruf
Mit Beispielen und Erklärungen.
(**0499**-0) Von R. Müller-Fonfara, 156 Seiten, 210 Zeichnungen, kartoniert. ●●

Schülerlexikon der Mathematik
Formeln, Übungen und Begriffserklärungen für die Klassen 5–10
(**0430**-3) Von R. Müller-Fonfara, 176 Seiten, 96 Zeichnungen, kartoniert. ●●

Mehr Erfolg in der Schule
Mathematik 3
Analysis, analytische Geometrie und lineare Algebra
(**4541**-7) Von R. Müller-Fonfara, W. Scholl, 240 Seiten, 140 zweifarbige Grafiken, Pappband. ●●●●

Mehr Erfolg in der Schule
Mathematik 4
Für die Klassen 11 bis 13
(**4701**-0) Von R. Müller-Fonfara, W. Scholl, 240 Seiten, 91 Zeichnungen, 3 s/w-Fotos, Pappband. ●●●●

Mathematik-Textaufgaben leicht gelöst
Aufgaben · Lösungsstrategien · Anwendungsbeispiele
(**1022**-2) Von R. Müller-Fonfara, 128 Seiten, 4 Zeichnungen, kartoniert. ●●

Rechnen aufgefrischt für Schule und Beruf.
(**0100**-2) Von H. Rausch, 144 S., kartoniert. ●

Besseres Englisch
Grammatik und Übungen für die Klassen 5 bis 10.
(**0745**-0) Von E. Henrichs, 144 S., kart. ●●

Mehr Erfolg in der Schule
Englisch
Textinterpretationen
(**4518**-2) Von E. Heinrichs-Kleinen, 256 S., Pappband. ●●●●

Mehr Erfolg in der Schule
Englische Grammatik
Regeln und Übungen für die Klassen 5 bis 13
(**4431**-3) Von E. Henrichs-Kleinen, 256 S., durchgehend zweifarbig, Pappband. ●●●●

Besseres Französisch
Grammatik und Übungen für die Klassen 9 bis 11
(**1039**-7) Von R. Lübke, 114 S., durchgehend zweifarbig, kartoniert. ●●

Mehr Erfolg in der Schule
Französische Grammatik
Für die Klassen 7 bis 13
(**4703**-7) Von R. Lübke, ca. 256 S., durchgehend zweifarbig, Pappband. ●●●●

Schnell und sicher zum Führerschein
Tips und Tricks aus 30jähriger-Fahrlehrer-Praxis.
(**1232**-2) Von O. Einert, 152 S., 156 Farbfotos, 161 z.T. farb. Zeichnungen, kartoniert. ●●

Die aktuellen Prüfungsfragen und Prüfungsbogen für den Führerschein Klasse 3
(**1490**-2) 104 Seiten, 371 Farbfotos, kart. ●●

Der Test-Knacker bei Führerscheinverlust
(**1262**-4) Von T. Rieh, 128 S., kartoniert. ●●

Erfolgreiche Bewerbung um einen Ausbildungsplatz
(**0715**-9) Von H. Friedrich, 128 S., kartoniert. ●

Bewerbungsstrategien
Erfolgreiche Konzepte für Karrierebewußte
(**1027**-3) Von Dr. W. Reichel, 128 S., kart. ●●

Karriereplanung mit System
Bewerbungsstrategie für Frauen
(**4455**-0) Von R. Ibelgaufts, 144 Seiten, 20 Cartoons, Pappband. ●●

Die Bewerbung
Der moderne Ratgeber für Bewerbungsbriefe, Lebenslauf und Vorstellungsgespräche.
(**4138**-1) Von W. Manekeller, 264 Seiten, Pappband. ●●●

Die erfolgreiche Bewerbung
Bewerbung und Vorstellung
(**0173**-8) Von W. Manekeller, U. Schoenwald, 144 Seiten, kartoniert. ●●

Lebenslauf und Bewerbung
Beispiele für Inhalt, Form und Aufbau
(**0428**-1) Von H. Friedrich, 112 S., kartoniert. ●

Bewerbungsbriefe und Stellengesuche
Für handwerkliche, gewerblich-technische und kaufmännische Berufe
(**0138**-X) Von Dr. W. Reichert, 96 S., kart. ●

Das überzeugende
Vorstellungsgespräch
Erfolgreiche Strategien für den ersten Eindruck
(**1261**-6) Von R. Ibelgaufts, 144 S., kart. ●●

Vorstellungsgespräche
sicher und erfolgreich führen.
(**0636**-5) Von H. Friedrich, 144 Seiten, kart. ●

Einstellungstests und andere Methoden der Bewerberauswahl
(**1263**-2) Von Dr. R. Hilke, H. Hustedt, 160 S., 27 Zeichnungen, kartoniert. ●●

Keine Angst vor Einstellungstests
Ein Ratgeber für Bewerber.
(**0793**-6) Von Ch. Titze, 120 Seiten, 67 Zeichnungen, kartoniert. ●

Assessment Center
Erfolgstips und Übungen für Bewerber
(**1385**-X) Von H. Beitz und A. Loch, ca. 128 S., kartoniert. ●●

Berufsstart für Hochschulabsolventen
Erfolgsstrategien für Bewerbung und Vorstellung
(**1482**-1) Von Dr. W. Reichel, ca. 144 S., kart. ●●

freundin Ratgeber
Psychoterror am Arbeitsplatz
Mobbing
(**1434**-1) Von B. Huber, 160 S., kartoniert. ●●

freundin Ratgeber
Frau mit Kind
Leitfaden für Alleinerziehende
(**1476**-7) Von G. Teusen, ca. 144 S., kart. ●●

freundin
Kind und Beruf:
(K)ein Problem
(**1322**-1) Von I. Weber, 168 Seiten, 14 Zeichnungen, kartoniert. ●●

freundin Ratgeber
Neu im Job:
So überzeugen Sie
(**1259**-4) Von G. Teusen, 160 S., kart. ●●

Die ersten Tage am neuen Arbeitsplatz
Ratschläge für den richtigen Umgang mit Kollegen und Vorgesetzten
(**0855**-4) Von H. Friedrich, 104 Seiten, kart. ●

Zeugnisse im Beruf
richtig schreiben, richtig verstehen
(**0544**-X) Von H. Friedrich, 112 Seiten, kart. ●

Arbeitszeugnisse
verstehen und interpretieren
(**1444**-9) Von A. Nasemann, 136 S., kart. ●●

So lernt man leicht und schnell
Maschinenschreiben
Lehrbuch für Schulen, Lehrgänge und Selbstunterricht. (**0568**-7) Von M. Kempkes, 112 S., 48 Zeichnungen, kartoniert. ●●

FALKEN-Software
Maschinenschreiben und Tastaturtraining für Computer
(**7009**-8) Von B. Hoppius, Diskette 5 1/4″ u. 3 1/2″ für IBM-PC + Kompatible, mit Begleitheft. ●●●●●*

Leicht und schnell gelernt
Maschinenschreiben im Selbstunterricht
(**0170**-3) Von O. Fonfara, 88 S., kartoniert. ●

Buchführung leicht gemacht
Ein methodischer Grundkurs für den Selbstunterricht (**4238**-8) Von D. Machenheimer, R. Kersten, 252 Seiten, Pappband. ●●●●

Buchführung leicht gefaßt
Für Handwerker, Gewerbetreibende und freiberuflich Tätige.
(**0127**-4) Von R. Pohl, 104 S., kartoniert. ●

Stenografie leicht gelernt
im Kurus oder Selbstunterricht
(**0266**-1) Von H. Kaus, 64 S., kartoniert. ●

Gitarre spielen
Ein Grundkurs für den Selbstunterricht
(**0534**-2) Von A. Roßmann, 96 S., 1 Schallfolie, 150 Zeichnungen, kartoniert. ●●●

FALKEN & HOHNER: Workshop Musik
Gitarre spielen
Folk, Blues, Pop, Rock auf der akustischen Gitarre
Für Anfänger und Wiedereinsteiger
(**1437**-6) Von W. Ruß, ca. 80 S., Begleit-CD ca. 60 Min. Spieldauer, zahlreiche Illustrationen und Fotos, kartoniert. ●●●●

FALKEN & HOHNER: Workshop Musik
Keyboard spielen
Pop & Rock
Für Anfänger und Wiedereinsteiger
(**1435**-X) Von M. Lonardoni, ca. 80 Seiten, Begleit-CD, ca. 60 Min. Spieldauer, zahlreiche Illustrationen und Fotos, kartoniert. ●●●●

FALKEN & HOHNER: Workshop Musik
Singen
In Chor, Singgruppe und solo
Für Anfänger und Wiedereinsteiger
(**1436**-8) Von W. Layer, ca. 80 S., Begleit-CD ca. 60 Min. Spieldauer, zahlreiche Illustrationen und Fotos, kartoniert. ●●●●

Faszinierendes Erlebnis
Tierwelt
(**4706**-1) Von U. und W. Dolder, 196 Seiten, 314 Farbzeichnungen, Pappband. ●●●●

Das große Buch der
Antworten auf Kinderfragen
(**4477**-1) Von H. Hofmann, U. Kopp, G. Jankovics u.a., 192 Seiten, 308 Farbzeichnungen, Pappband. ●●●

FALKEN LEXIKON
Das Wissen unserer Zeit
(**4736**-3) Hrsg. Lexikographisches Institut, 1008 Seiten, 681 Farbfotos, 1142 Farbzeichn., Pappband. ●●●●

Das neue, farbige
Jugendlexikon
(**4472**-0) Von J. Frey, D. Rex, 304 Seiten, 269 und 52 s/w-Fotos, 6 Farbzeichnungen, Pappband. ●●●●

Das große farbige Kinderlexikon
(**4195**-0) Von U. Kopp, 320 S., 493 Farbabbildungen, 17 s/w-Fotos, Pappband. ●●●●

Kinder-Überraschung
(**1499**-6) Von M. Semmel, ca. 80 Seiten, durchgehend vierfarbig, kartoniert. ●●

Briefmarken sammeln
(**0481**-8) Von D. Stein, 120 S., 4 Farbtafeln, 98 s/w-Abbildungen, kartoniert. ●

Telefonkartenlexikon für Sammler
(**1406**-6) Von M. Burzan, ca. 160 Seiten, zahlreiche Farbabbildungen, kartoniert. ●●●

Telefonkarten sammeln
Serien · Preise · Sammeltips
(**1326**-4) Von M. Burzan, 128 S., 251 Farbfotos, kartoniert. ●●

Die Handschrift als Spiegel des Charakters
Graphologie
(**1025**-7) Von Dr. W. Busch, 104 S., 87 Schriftproben, kartoniert. ●

Familienforschung · Ahnentafel · Wappenkunde
Wege zur eigenen Familienchronik
(**0744**-2) Von P. Bahn, 128 S., 8 Farbtafeln, 30 Abbildungen, kartoniert. ●●

Familienforschung und Wappenkunde
(**4485**-2) Von P. Bahn, 224 S., 114 zweifarbige Abbildungen, Pappband. ●●●●●

freundin Ratgeber
Frauen allein auf Reisen
(**1260**-8) Von H. Guilino, 192 S., 7 Zeichnungen, kartoniert. ●●

Brain Building
Das Supertraining für Gedächtnis, Logik, Kreativität
(**4704**-5) Von M. vos Savant, 256 Seiten, Pappband. ●●●

Traumdeutung
Die Bildersprache unserer Traumwelt entschlüsseln
(**4486**-0) Von G. Fink, 384 Seiten, 74 zweifarbige Fotos, Pappband. ●●●●

Kinderträume
Ein Ratgeber für Eltern
(**4505**-0) Von G. Fink, 176 S., 6 s/w-Zeichnungen, Pappband. ●●●

Wahrsagen
mit den Karten der Madame Lenormand
(**1328**-0) Von B. A. Mertz, 108 Seiten, 39 s/w-Abbildungen, kartoniert. ●●

Die 12 Tierzeichen
Chinesisches Horoskop
(**0423**-0) Von G. Haddenbach, 88 Seiten, kartoniert. ●

Partnerschaftshoroskop
Glück und Harmonie mit Ihrem Traumpartner.
(**0587**-3) Von G. Haddenbach, 112 Seiten, 11 Zeichnungen, kartoniert. ●

Im Zeichen der Sterne
(**0951**-8) Der feurige Widder
(**0952**-6) Der willensstarke Stier
(**0953**-4) Die vielseitigen Zwillinge
(**0954**-2) Der feinfühlige Krebs
(**0955**-0) Der königliche Löwe
(**0956**-9) Die zuverlässige Jungfrau
(**0957**-7) Die charmante Waage
(**0958**-5) Der leidenschaftliche Skorpion
(**0959**-3) Der temperamentvolle Schütze
(**0960**-7) Der treue Steinbock
(**0961**-5) Der selbstbewußte Wassermann
(**0962**-3) Die romantischen Fische
Von G. Haddenbach, 64 Seiten, 35 Farbfotos, Pappband. ●

Das neue FALKEN
Computerlexikon
(**4356**-2) Von Dr. B. Kopp, 336 S., 121 s/w-Fotos, 184 Computergrafiken, Pappbd. ●●●●

Computer-Grundwissen
Eine Einführung in Funktion und Einsatzmöglichkeiten
(**4359**-7) Von Chr. T. Wolff, 176 S., 182 Farbfotos, kartoniert. ●●●●
(**4358**-9) Pappband. ●●●●

Der PC
(**4732**-0) Von U. u. H. Freund, 336 Seiten, 386 Farbfotos, Pappband. ●●●●●

freundin
Das Computerbuch für Frauen
(**4372**-4) Von M. Thiel, 176 S., 102 Farbfotos, 73 Zeichnungen, Pappband. ●●●●

Desktop Publishing: Typografie und Layout Seiten gestalten am PC · für Einsteiger und Profis
(**4330**-9) Von Dr. H. D. Baumann, M. Klein, 320 S., zahlreiche zweifarbige Abbildungen, Pappband. ●●●●●

PC HELP!
Wissenschaftliche Texte mit Word 5.5
(**4360**-0) Von P. Vogel, 80 S., 34 zweifarbige Screenshots, kartoniert. ●●

PC HELP!
Praktische Computernutzung mit Works 2.0
(**4369**-4) Von A. Görgens, 72 Seiten, 64 zweifarbige Screenshots, kartoniert. ●●

PC HELP!
DFÜ mit dem PC
(**4370**-8) Von M. Hofmann, 88 Seiten, 41 zweifarbige Screenshots, kartoniert. ●●

PC HELP!
Zeichnen mit dem PC
(**4361**-9) Von M. Hofmann, 88 S., 57 zweifarbige Screenshots, kartoniert. ●●

PC HELP!
Präsentation mit dem PC
(**4368**-6) Von M. Hofmann, 96 S., 47 zweifarbige screenshots, kartoniert. ●●

PC HELP!
CONFIG. SYS. und AUTOEXEC. BAT
Optimale Systemkonfiguration
(**4338**-4) Von A. Görgens, 64 S., ca. 50 s/w-Abbildungen und Grafiken, kartoniert. ●●

PC HELP!
DOS-Kommandos richtig nutzen
(**4339**-2) Von A. Görgens, 64 S., ca. 50 s/w-Abbildungen und Grafiken, kartoniert. ●●

PC HELP!
Die ersten Schritte mit dem PC
(**4344**-9) Von P. Vogel, H. Ebsen, 64 S., ca. 50 s/w-Abb. und Grafiken, kartoniert. ●●

PC HELP!
Mehr Speicher unter DOS nutzen
(**4345**-7) Von K. O. Kuhl, 64 S., ca. 50 s/w-Abbildungen und Grafiken, kartoniert. ●●

PC HELP!
Viren erkennen und beseitigen
(**4346**-5) Von M. Hofmann, 64 S., ca. 50 s/w-Abbildungen und Grafiken, kartoniert. ●●

DTP-Lexikon für die Praxis
(**4373**-2) 136 S., 55 s/w-Fotos, kart. ●●●

Gestalten mit Pagemaker für Windows
(**4375**-9) Von M. Hofmann, R. Titius, 116 S., 53 zweifbg. screenshots, kartoniert. ●●

Präsentationsprogramme richtig nutzen
(**4376**-7) Von M. Hofmann, 96 S., 60 zweifarbige screenshots, kartoniert. ●●

Datenaustausch 1
(**4378**-3) Von M. Hofmann, 104 Seiten, 63 zweifarbig. screenshots, kartoniert. ●●

Datenaustausch 2
(**4379**-1) Von M. Hofmann, 96 S., 34 zweifarbige screenshots, kartoniert. ●●

Update
MS-DOS 6.0
Beilage: Kurzreferenz
(**4385**-6) Von M. Hofmann, 136 S., 55 s/w-Fotos, kartoniert. ●●●

PC-Pannen selbst beheben
Hardware · Software
(**4383**-X) Von M. Hofmann, 144 S., kart. ●●●

Windows für Workgroups
(**4381**-3) Von P. Vogel, 80 S., 40 Screenshots, kartoniert. ●●

Essen und Trinken

Rezepte für 1 Person
(**1294**-2) Hrsg. M. Sauerborn, 64 S., 75 Farbfotos, kartoniert. ●

Schnell und individuell
Die raffinierte Single-Küche
(**4266**-3) Von F. Faist, 160 S., 151 Farbfotos, Pappband. ●●●●

Frischer Fang aus Fluß und Meer
Fisch
(**0964**-X) Von L. Grieser, 48 S., 52 Farbfotos, Pappband. ●●

Fischgerichte
(**1448**-1) Hrsg.: S. Koch, 64 S., ca. 50 Farbfotos, kartoniert. ●

Zart und edel
Lachs
(**1403**-1) Von H. Imhof, 64 S., 49 Farbfotos, Pappband. ●●

Geflügelgerichte
(**1348**-5) Hrsg. E. Meyer zu Stieghorst, 64 S., 71 Farbfotos, kartoniert. ●

Gaumenfreuden Tag für Tag
Pfannengerichte
(**1007**-9) Von S. Fabke, 64 S., 54 Farbfotos, Pappband. ●●

Köstliches für Genießer
Fleischgerichte
(**4699**-5) Von F. Stein, 144 S., ca. 100 Farbfotos, gebunden. ●●●

Schnitzel, Steaks & Co.
(**1417**-1) Von N. Frank, 64 Seiten, 68 Farbfotos, kartoniert. ●

Köstliches aus dem Tontopf
(**1332**-9) Hrsg. S. Kieslich, 64 Seiten, 55 Farbfotos, kartoniert. ●

Suppen und Eintöpfe
(**1449**-X) Hrsg.: S. Koch, 64 S., ca. 50 Farbfotos, kartoniert. ●

Aus eigener Küche
Gute Wurst
(**0948**-8) Von J. Bessel, G. Quaas, 80 Seiten, 8 Farbtafeln, kartoniert. ●

Aus lauter Lust und Liebe
Knoblauch
(**0867**-8) Von L. Reinirkens, 64 S., 45 Farbfotos, Pappband. ●●

Bintje, Irmgard und Sieglinde
Kartoffeln
(**1032**-X) Von S. Fabke, 64 S., 43 Farb- und 1 s/w-Foto, Pappband. ●

Kartoffelgerichte
(**1297**-7) Hrsg. I. Feldhaus, 64 S., 64 Farbfotos, kartoniert. ●

Nudelgerichte
(**1293**-4) Hrsg. E. Fuhrmann, 64 S., 66 Farbfotos, kartoniert. ●

Pasta in Höchstform
Nudeln
(**0884**-8) Von M. Kirsch, 64 S., 62 Farbfotos, Pappband. ●●

Spezialitäten unter knuspriger Decke
Aufläufe
(**0882**-1) Von C. Adam, 48 S., 33 Farbfotos, Pappband. ●●

Aufläufe
(**1295**-0) Hrsg. E. Fuhrmann, 64 S., 62 Farbfotos, kartoniert. ●

Die Krönung der feinen Küche
Saucen
(**0817**-1) Von G. Cavestri, 48 S., 40 Farbfotos, Pappband. ●●

Gemüsegerichte
(**1347**-7) Hrsg. E. Fuhrmann, 64 S., 58 Farbfotos, kartoniert. ●

Gemüseaufläufe
(**1365**-5) Hrsg. E. Fuhrmann, 64 S., 58 Farbfotos, kartoniert. ●

Die schönsten Rezepte für
Frühstück und Brunch
(**1063**-X) Von K. Kruse-Schorling, 80 Seiten, 8 Farbtafeln, kartoniert. ●

Schnelle Küche
Für 2 Personen
(**4718**-5) freundin-Kochstudio, 80 Seiten, 105 Farbf., Pappband. ●●

Kochen auf der richtigen Welle im
Grill-Mikrowellengerät
(**1395**-7) Von T. Peters, 96 S., 79 Farbfotos, kartoniert. ●●

Fritieren
(**1350**-7) Hrsg. I. Teitge, 64 S., 62 Farbf., kart. ●

Schnell auf den Tisch gezaubert
Kochen mit Mikrowellen
(**0818**-X) Von A. Danner, 64 S., 52 Farbfotos, Pappband. ●

Italienische Vorspeisen **Antipasti**
(**1006**-0) Von S. Reiter-Westphal, 64 Seiten, 47 Farbfotos, Pappband. ●●

Mexikanische Küche
(**1439**-2) Von C. Zingerling, 64 S., ca. 50 Farbfotos, kartoniert. ●

Italienische Küche
(**1299**-3) Hrsg. E. Fuhrmann, 64 S., 65 Farbfotos, kartoniert. ●

Schlemmerreise durch die
Italienische Küche
(**4172**-1) Von V. Pifferi, 160 S., 109 Farbfotos, Pappband. ●●●●

Spaghetti, Tagliatelle + Co.
Pasta all'Italiana
(**1004**-4) Von I. Seyric, 64 S., 57 Farbfotos, Pappband. ●●

Pizza
(**1352**-3) Hrsg. M. Sauerborn, 64 S., 72 Farbfotos, kartoniert. ●

Tradition mit Charme
Wiener Spezialitäten
(**1343**-4) Von G. Scolik, 64 S., 46 Farbfotos, Pappband. ●●

Schlemmerreise durch die
Französische Küche
(**4296**-5) Von H. Imhof, 160 S., 147 Farbfotos, 3 s/w-Fotos, Pappband. ●●●●

Schlemmerreise durch die
Spanische Küche
(**4500**-X) Von A. Puente, 160 S., ca. 120 Farbfotos, Pappband. ●●●●

Vom Bosporus zum Ararat
Türkische Spezialitäten
(**1191**-1) Von S. Dogan, 64 S., 44 Farbfotos, Pappband.●●

Indische Küche
(**1404**-X) Von C. Zingerling, 64 S., 64 Farbfotos, kartoniert. ●

Schlemmerreise durch die
Thailändische Küche
(**4722**-3) Von C. Zingerling, 144 Seiten, 164 Farbfotos, Pappband. ●●●●

Köstlich fernöstlich
Asiatische Spezialitäten
(**1286**-1) Von M. Carroll, E. Mognol, 64 S., 49 Farbfotos, Pappband. ●●

Chinesische Küche
(**1289**-6) Hrsg. M. Sauerborn, 64 S., 73 Farbfotos, kartoniert. ●

Schlemmerreise durch die
Chinesische Küche
(**4184**-5) Von K. H. Jen, 160 S., 117 Farbfotos, Pappband. ●●●

Gerichte aus dem
Wok
(**1291**-8) Hrsg. M. Sauerborn, 64 S., 76 Farbfotos, kartoniert. ●

Mit Lust und Liebe **Chinesisch Kochen**
(**4441**-0) Von Ho Fu-Lung, Uli Franz, 176 Seiten, 189 Farbfotos, 29 Zeichnungen, Pappband. ●●●●

Fernöstliche Küche
(**1384**-1) Hrsg. R. Faller, 64 S., 73 Farbfotos, kartoniert. ●

Rezepte für Tisch- und Gartengrill
(**1351**-3) Hrsg. V. Müller, 64 S., 59 Farbfotos, kartoniert.●

Braten auf dem heißen Stein
(**1300**-0) Hrsg. R. Donhauser, 64 S., 56 Farbfotos, kartoniert. ●

Rezepte rund um Raclette und Doppeldecker
(**0420**-6) Von J.W. Hochscheid, 72 S., 8 Farbtafeln, kartoniert. ●

Schlemmen in geselliger Runde
Fleischfondues
(**0966**-6) Von M. Spötter, 64 S., 62 Farbfotos, Pappband. ●●

Fondues und Raclettes
(**4253**-1) Von F. Faist, 160 S., 125 Farbfotos, Pappband. ●●●●

Fondues
(**1298**-5) Hrsg. E. Meyer zu Stieghorst, 64 S., 69 Farbfotos, kartoniert. ●

Rezepte fürs Raclette
(**1290**-X) Hrsg. S. Kieslich, 64 Seiten, 59 Farbfotos, kartoniert. ●

Raclette-Spezialitäten
(**0881**-3) Von F. Faist, 48 S., 33 Farbfotos, Pappband. ●

Knackige Salate
(**1441**-4) Hrsg.: S. Kieslich, 64 S., ca. 50 Farbfotos, kartoniert. ●

Gartenfrisch genießen
Feine Salate
(**4450**-X) Von P. Nikolay, 160 S., 122 Farbfotos, Pappband. ●●●●

Köstliche Salate
zum Verwöhnen
(**0222**-X) Von Chr. Schönherr, 96 S., 8 Farbtafeln, 30 Zeichnungen, kartoniert. ●

Salate
(**1346**-9) Hrsg. E. Furhmann, 64 S., 62 Farbfotos, kartoniert.●

Frisch und leicht als Hauptgericht
Schlemmersalate
(**0934**-8) Von C. Adam, 64 S., 49 Farbfotos, Pappband. ●●

Gesund und vielseitig **Alles mit Joghurt**
täglich selbstgemacht, mit vielen Rezepten
(**0382**-6) Von G. Volz, 64 S., 8 Farbtafeln, kartoniert. ●

Marmeladen, Gelees und Kompotte
(**1442**-2) Hrsg.: F. Stein, 64 S., ca. 50 Farbfotos, kartoniert. ●

Gesunde Ernährung für mein Kind
(**0776**-6) Von M. Bustorf-Hirsch, 112 Seiten, 8 Farbtafeln, 5 s/w-Zeichnungen, kartoniert. ●●

Eßschule
Gesunde Ernährung für Kinder im Grundschulalter
(**1314**-0) Von A. Roßmeier, 80 Seiten, 44 Farbfotos, 50 farbige Vignetten, Pappband. ●●

Lieblingsgerichte für Kinder
Mit Sonderteil: Gesunde Kost für Babys ab 6 Monaten
(**4497**-6) Von G. Righi-Spanfellner, 112 S., 27 Farbzeichnungen, Pappband. ●●●

Das essen Kinder gern
(**1405**-8) Hrsg. S. Faust, 64 S., 80 Farbfotos, kartoniert. ●

Mit Lust und Liebe...
Vollwertküche für Genießer
(**4412**-4) Von Prof. Dr. C. Leitzmann, H. Million, 256 Seiten, 329 Farbfotos, Pappband. ●●●●

Vegetarisch kochen und genießen
Alle Gerichte für 2 Personen
(**4715**-0) Von Prof. Dr. C. Leitzmann, K. Dittrich, C. u. G. Kurz, 128 S., 132 Farbfotos, Pappband. ●●●●

Das große FALKEN
Vitaminkochbuch
für Genießer
(**4714**-2) Von Prof. Dr. troph. M. Hamm, A. Roßmeier, 208 S., 224 Farbfotos, Pappband. ●●●●

Schmackhafte Vollwertkost ohne tierisches Eiweiß
(**0993**-3) Von M. Bustorf-Hirsch, 96 Seiten, 54 Farbfotos, kartoniert. ●●

Cholesterinarm kochen und genießen
(**4442**-9) Von R. Unsorg, 168 S., 132 Farbfotos, kartoniert. ●●●●

Die aktuelle **Cholesterintabelle**
(**1088**-5) Von Dr. H. Oberritter, 84 Seiten, 12 zweifarbige Grafiken, kartoniert. ●

Die aktuelle Vitamin- und Mineralstofftabelle
Mit Angaben zu den wichtigsten Vitaminen und Mineralstoffen
(**1110**-5) Von Dr. H. Oberritter, 88 Seiten, 1 zweifarbige Grafik, kartoniert. ●

Die aktuelle E-Zusatzstoff-Tabelle
Über 750 Angaben zu Herkunft, Verwendung und möglichen Nebenwirkungen
(**1233**-0) Von T. Pilgram, E.Dahl, 80 Seiten, zweifarbig, kartoniert. ●

Vollwertküche für Diabetiker
Köstlich kochen und backen für die ganze Familie
(**4473**-9) Von Prof. Dr. C. Leitzmann, Prof. Dr. H. Laube, H. Million, 168 S., 172 Farbfotos, 8 Zeichnungen, Pappband. ●●●●

Kochen und backen für Diabetiker
Gesund und schmackhaft für die ganze Familie
(**4467**-4) Von Dr. med. M. Toeller, W. Schumacher, A. Groote, Dr. troph. A. Klischan, 176 S., 182 Farbfotos, Pappband. ●●●●

Die Sojaküche
Gesund und abwechslungsreich essen
(**0553**-9) Von U. Kolster, 80 S., 8 Farbtafeln, kartoniert. ●

Gesund kochen mit Keimen und Sprossen
(**0794**-9) Von M. Bustorf-Hirsch, 96 S., 4 Farbtafeln, 13 s/w-Zeichnungen, kartoniert. ●

Waffeln
Hörnchen, Pfannkuchen und Crèpes.
(**0522**-9) Von C. Stephan, 64 S., 8 Farbtafeln, kartoniert. ●

Waffeln
(**1296**-9) Hrsg. L. Steiger, 64 S., 73 Farbfotos, kartoniert. ●

Fruchtige Pfannkuchen und Crêpes
(**1446**-5) Von S. Fabke, 64 S., ca. 50 Farbfotos, kartoniert. ●

Mehr Freude und Erfolg beim
Brotbacken
(**4148**-9) Von A. und G. Eckert, 160 Seiten, 177 Farbfotos, Pappband. ●●●●

Meine Vollkornbackstube
Brot · Kuchen · Aufläufe. (**0616**-0) Von R. Raffelt, 96 S., 4 Farbtafeln, 12 Zeichnungen, kartoniert. ●

Mit Honig, Nuß und Mandelkern
Weihnachtsplätzchen
(**1287**-X) Von H. Jaacks, 64 S., 48 Farbfotos, Pappband. ●●

Backen ohne Zucker
(**1234**-9) Von H. Erkelenz, 80 S., 8 Farbtafeln, kartoniert. ●

Süße Geheimnisse eiskalt gelüftet
Eis und Sorbets
(**0870**-8) Von H. W. Liebheit, 48 S., 38 Farbfotos, Pappband. ●●

Haltbarmachen in der Öko-Küche
Gesunde Konservierungsmethoden für Obst, Gemüse, Kräuter und Pilze. (**0923**-2) Von M. Bustorf-Hirsch, 120 S., 92 Farbabbildungen, kartoniert. ●●

Komm, koch und back mit mir
Kunterbuntes Kochvergnügen für Kinder.
(**4285**-X) Von S. und H. Theilig, illustriert von B. v. Hayek, 112 S., 45 Farbabbildungen, Pappband. ●●

Lieblingsgerichte für Kinder
Kerngesund und kunterbunt
(**4497**-6) Von G. Righi-Spanfellner, 112 Seiten, 27 Farbzeichnungen, Pappband. ●●●

Lirum, larum, Löffelstiel...
Kinder kochen mit Knuddel
(**1094**-X) Von U. Bültjer, 80 S., 27 zweifarbige Zeichnungen, kartoniert. ●

Backe, backe Kuchen...
Kinder backen mit Knuddel
(**1301**-9) Von U. Bültjer, 64 S., 34 Farbfotos, 60 Farbzeichn., kartoniert. ●

Mit Lust und Liebe
Garnieren und Verzieren
Dekoratives zu vielen Anlässen
(**4496**-8) Von M. Müller, E. Pratsch, H. Krieg, 160 Seiten, ca. 100 Farbfotos, Pappband. ●●●●

Mit Lust und Liebe **Kalte Platten & Buffets**
Anrichten und Garnieren
(**4427**-5) Von P. Grotz, 176 S., 228 Farbfotos, Pappband. ●●●●

Köstliches ganz leicht gezaubert
Raffinierte Rezepte rund um den Stabmixer
(**1453**-8) Von U. Kochendörfer, 96 Seiten, 84 Farbfotos, kartoniert. ●●

Garnieren und Verzieren
(**4236**-1) Von R. Biller, 160 S., 329 Farbfotos, 57 Zeichnungen, Pappband. ●●●●

Köstlichkeiten für Gäste und Feste
Kalte Platten
(**4200**-0) Von I. Pfliegner, 160 S., 130 Farbfotos, Pappband. ●●●●

Sandwich, Toasts & Co.
(**1331**-0) Von F. Faist, 64 Seiten, 62 Farbfotos, kartoniert. ●

Quiches, Tartes
und andere pikante Kuchen
(**1407**-4) Hrsg. I. Teitge, 64 S., 70 Farbf., kart. ●

freundin
Snacks
(**4521**-2) Von V. Müller, 80 S., 87 Farbfotos, Pappband.●●●

Kochen und backen mit Käse
(**1451**-1) Hrsg.: F. Stein, 64 S., ca. 50 Farbfotos, kartoniert. ●

Raffiniert kombiniert, schön dekoriert
Käseplatten
(**1192**-X) Von S. Carlsson, 64 S., 57 Farbfotos, Pappband.●●

FALKEN
Festival der schön gedeckten Tische
(**4738**-X) Von A. F. Endress, 204 S., 116 Farbfotos, 83 Farbzeichnungen, Pappbd. ●●●●

Der perfekt gedeckte Tisch
(**1028**-1) Von H. Tapper, 80 S., 161 Farbfotos, 13 Zeichnungen, kartoniert. ●●

Der schön gedeckte Tisch
Vom einfachen Gedeck bis zur Festtafel stimmungsvoll und perfekt arrangiert.
(**4246**-1) Von H. Tapper, 112 S., 206 Farbfotos, 21 s/w-Abbildungen, Pappband. ●●●

Servietten falten
80 Ideen für schön gedeckte Tische
(**1042**-7) Von M. Müller, O. Mikolasek, 80 S., 289 Farbfotos, 50 Zeichnungen, kart. ●●

Phantasievolle Tischdekorationen selber machen
(**0984**-4) Von Y. Thalheim, H. Nadolny, 80 S., 174 Farbfotos, 21 Zeichnungen, kart. ●●

Servietten dekorativ falten
Geschmackvolle Anregungen aus Stoff und Papier. (**0804**-X) Von H. Tapper, 32 Seiten, 134 Farbfotos, Pappband. ●

Weine und Säfte, Liköre und Sekt
selbstgemacht.
(**0702**-7) Von P. Arauner, 232 S., 76 Abb., kartoniert. ●●●

Was Weinfreunde wissen wollen
Fragen und Antworten rund um den Wein
(**1224**-1) Von Prof. Dr. K. Röder, H.-G. Dörr, ca. 224 Seiten, kartoniert. ●●

FALKEN Mixbuch
(**4733**-9) Hrsg. P. Bohrmann, 560 Seiten, 227 Farbfotos, Pappband. ●●●●

Vitamindrinks
(**1408**-2) Von H. Reith, W. Hubert, 64 Seiten, 68 Farbfotos, kartoniert. ●

Köstlich, cremig, sahnig, frisch
Mixen mit Milch
(**1151**-2) Von S. Carlsson, 64 S., 45 Farbfotos, Pappband.●

Milchmixgetränke
(**1450**-3) Von S. Carlsson, 64 S., ca. 50 Farbfotos, kartoniert. ●

Cocktails und Drinks
(**1292**-6) Hrsg. S. Kieslich, 64 S., 70 Farbfotos, kartoniert. ●

Bowlen und Punsche
(**1447**-3) Hrsg.: F. Brandl, 64 S., ca. 50 Farbfotos, kartoniert. ●

Fruchtig, spritzig, eisgekühlt
Mixen ohne Alkohol
(**0935**-6) Von S. Späth, 64 S., 44 Farbfotos, Pappband. ●●

Longdrinks
(**1345**-0) Hrsg. E. Meyer zu Stieghorst, 64 S., 79 Farbfotos, kartoniert. ●

Light Drinks
Mixen mit und ohne Alkohol
(**1222**-5) Von S. Edelberg, Heike Reith, 64 S., 48 Farbfotos, Pappband. ●●

Cocktails
(**4267**-1) Von W. R. Hoffmann, W. Hubert, U. Lottring, 160 S., 164 Farbfotos, 1 s/w-Foto, Pappband. ●●●●

Cocktails und Mixereien
für häusliche Feste und Feiern. (**0075**-8) Von J. Walker, 96 S., 4 Farbtafeln, kartoniert. ●

Das Fitmacher-Kochbuch
(**4698**-7) Von Prof. Dr. troph. M. Hamm, 112 S., ca. 100 Farbfotos, gebunden. ●●●

Schlank und gesund nach Dr. Hay
Schnelle Trennkostküche
(**4746**-0) Von H. Harper, 80 S., ca. 80 Farbfotos, kartoniert. ●●

Schlank werden nach Dr. Hay **Trennkost**
Die bewährten Vollwert-Rezepte von Ursula Summ. (**4298**-1) Von U. Summ, 96 Seiten, 54 Farbfotos, 1 Zeichnung, kartoniert. ●●

Das große Buch der Trennkost
Neue Rezepte von Ursula Summ
(**4498**-4) Von U. Summ, 144 S., ca. 100 Farbfotos, Pappband. ●●●

Gesund leben nach Dr. Hay
Cholesterinarme Trennkost
Neue Vollwert-Rezepte von Ursula Summ
(**4475**-5) Von U. Summ, 96 Seiten, 52 Farbfotos, kartoniert. ●●

Die neue Trennkost
(**4685**-5) Von U. Summ, 96 Seiten, 71 Farbfotos, kartoniert. ●●●

Das kleine 1 x 1 der Trennkost
(**1428**-7) Von S. Carlsson, 64 S., ca. 50 Farbfotos, kartoniert. ●

Schlank nach Maß
mit der Diät-Computerwaage
(**1064**-8) Von K. Alisch, 104 S., 8 Farbtafeln, kartoniert. ●

Gesundes Essen für Berufstätige
Die 4-Wochen-Vollwertkur (**1065**-6) Von M. Weber, ca. 80 S., 8 Farbtafeln, kart. ●

Garten

FALKEN Gartenjahr
(**4730**-4) Von K. Greiner, A. Weber, P. Michaeli-Achmühle, 320 Seiten, 380 Farbabbildungen, Pappband. ●●●●

Garten heute
Der moderne Ratgeber · Über 1000 Farbbilder. (**4283**-3) Von H. Jantra, 384 S., über 1000 Farbabbildungen, Pappband. ●●●●

Helmut Jantras Gartenbuch
Obst · Gemüse · Blumen
(**4522**-0) Von H. Jantra, 200 S., 395 Farbfotos, 123 Farbzeichnungen, 25 Tabellen, Pappband. ●●

1000 ganz bewährte Garten-Tips
(**4453**-4) Von H. Jantra, 320 S., 288 zweifbg. und 62 s/w-Zeichn., , Pappband. ●●●

Obst, Gemüse, Blumen, Gras
Gärtnern macht den Kindern Spaß
(**4517**-4) Von U. Krüger, 96 S., 85 Farbfotos, 180 Farbzeichznungen, Pappband. ●●

Rosen
(**4692**-8) Von H. Steinhauer, ca. 144 S., zahlr. Farbabbildungen Pappband. ●●●●

Rosen
Auswahl · Pflege · Gestaltung
(**1183**-0) Von H. Jantra, 120 S., 200 Farbfotos, 20 Farbzeichnungen, 8 Bepflanzungspläne, kartoniert. ●●

Bunte Pracht der Stauden
Auswahl · Pflege · Gestaltung
(**1376**-0) Von H. Jantra, 112 S., 167 Farbabbildungen, kartoniert. ●●●

Erfolgstips für den Obstgarten
Gesunde Früchte durch richtige Sortenwahl und Pflege
(**0827**-9) Von F. Mühl, 184 S., 16 Farbtafeln, 33 Zeichnungen, kartoniert. ●●

Erfolgstips für den Gemüsegarten
Mit naturgemäßem Anbau zu höherem Ertrag. (**0674**-8) Von F. Mühl, 80 Seiten, 30 s/w-Fotos, 4 Zeichnungen, kartoniert. ●●

Obstgehölze sachgemäß schneiden
(**1127**-X) Von P. G. Wilhelm, 136 Seiten, 8 s/w-Abb., 367 Zeichnungen, kart.●●

Kompost im Hausgarten
herstellen und anwenden
(**1258**-6) Von H. Abels, J. Jöstingmeier, ca. 30 zweifarbige Zeichnungen, kart. ●

Der naturgemäße Zier- und Wohngarten
Anlegen · Gestalten · Pflegen
(**0748**-5) Von I. Gabriel, 128 S., 72 Farbfotos, 46 Farbzeichnungen, kartoniert. ●●

Natürlich gärtnern unter Glas und Folie
Anbauen und ernten rund ums Jahr
(**0722**-1) Von I. Gabriel, 128 S., 62 Farbfotos, 45 Farbzeichnungen, kartoniert. ●●

Nützliche Tiere im Garten
(**1472**-4) Von I. Polaschek, ca. 112 Seiten, ca. 120 Farbf., ca. 10 Farbzeichn., kartoniert. ●●

Schneckenbekämpfung
giftfrei und naturgemäß
(**1378**-7) Von B. Meyer, Y. Thalheim, 64 S., 25 s/w-Zeichnungen, 8 Farbtafeln, kart. ●●

Dekorative Kübelpflanzen
Auswahl und Plfege
(**1074**-5) Von H. Jantra, 112 S., 180 Farbfotos, 35 Farbzeichnungen, kartoniert. ●●

Blütenpracht auf Balkon und Terrasse
(**0928**-3) Von M. Haberer, 88 S., 139 Farbfotos, kartoniert. ●●

Moderne Gartengestaltung
(**1255**-1) Von K. Greiner, A. Weber, 128 S., mit Rasterbogen und Planelementen zum Ausschneiden, ca. 120 Farbfotos, ca. 20 vierfarbige Pläne, kartoniert. ●●●

Gestaltungsideen für
Schöne Gärten
(**4482**-8) Von H. Jantra, 168 S., 309 Farbfotos, 3 s/w-Fotos, , Pappband. ●●●●●

Der pflegeleichte Hausgarten
(**1170**-9) Von H. Jantra, 112 S., vierfarbige Abbildungen, kartoniert. ●●

Schöne Kräutergärten
(**1256**-X) Von H. Jantra, 112 S., vierfarbige Abbildungen, kartoniert. ●●

Kleingärten
Planen · Anlegen · Pflegen
(**1015**-X) Von H. Jantra, 88 S., 123 Farbfotos, 1 s/w-Foto, 14 Farbzeichnungen, , kart. ●●

Reihenhausgärten
Planen · Anlegen · Pflegen
(**1016**-8) Von H. Jantra, 104 S., 134 Farbfotos, 45 Farbzeichnungen, kartoniert. ●●

Kletterpflanzen
Mit Sonderteil Dachbegrünung
(**4546**-8) Von U. Mehl, K. Werk, 128 S., ca. 150 Farbfotos, farbige und s/w-Zeichnungen, Pappband. ●●●●●

Steingärten Wirkungsvoll gestalten und sachgerecht pflegen
(**4452**-6) Von A. Throll-Keller, 128 Seiten, 203 Farbfotos, 56 Farbzeichnungen, Pappband. ●●●●

Gartenteiche, Tümpel und Weiher
naturnah anlegen und pflegen
(**1073**-7) Von Dr. F. Liedl, H. Goos, 80 Seiten, 87 Farbfotos, 39 Farbzeichnungen, kart. ●●

Wasser im Garten
Von der Vogeltränke zum Naturteich · Natürliche Lebensräume selbst gestalten.
(**4230**-2) Von H. Hendel, P. Keßeler, 240 S., 315 Farbabb., 11 s/w-Fotos, Pappband. ●●●●●

Pflanzen und Tiere für den Gartenteich
(**1171**-7) Von W. Costa, 128 S., 169 Farbfotos, 40 Farbzeichnungen, 8 Bepflanzungspläne, kartoniert. ●●

Gestaltungsideen für den Wohngarten
Sitzplätze, Terrassen, Höfe und andere grüne Räume
(**4751**-7) Von H. Jantra, ca. 120 Seiten, ca. 100 Farbfotos und -zeichnungen, gebunden. ●●●●

Wintergärten
Das Erlebnis, mit der Natur zu wohnen. Planen, Bauen und Gestalten.
(**4256**-6) Von LOG ID, 136 S., 130 Farbfotos, 107 Zeichnungen, Pappband. ●●●●●

Rund ums Jahr erfolgreich gärtnern
Gewächshäuser
planen · bauen · einrichten · nutzen
(**4408**-9) Von Dr. G. Schoser, J. Wolff, 232 S., 368 Farbabb., 5 s/w-Fotos, Pappbd. ●●●●●

Das moderne Handbuch **Zimmerpflanzen**
(**4416**-X) Von H. Jantra, 304 S., 766 Farbfotos, 64 Farb- und 19 s/w-Zeichnungen, Pappband. ●●●●

365 Erfolgstips für schöne Zimmerpflanzen
(**0893**-7) Von H. Jantra, 144 S., 215 Farbfotos, kartoniert. ●●

Dekorative Blattpflanzen
Auswahl und Pflege
(**1128**-8) Von H. Jantra, 128 S., 198 Farbfotos, 20 Farbzeichnungen, kartoniert. ●●

Arbeitskalender für Zimmergärtner
(**1473**-2) Von H. Jantra, 112 Seiten, ca. 120 Farbfotos, kartoniert. ●●

Prof. Stelzers grüne Sprechstunde
Gesunde Zimmerpflanzen
Krankheiten erkennen und behandeln. Mit neuem Diagnosesystem.
(**4274**-4) Von Prof. Dr. G. Stelzer, 192 Seiten, 410 Farbfotos, 10 s/w-Zeichnungen, Pappband. ●●●●

Hydrokultur
Pflanzen ohne Erde – mühelos gepflegt.
(**0944**-5) Von H.-A. Rotter, 144 S., 167 Farbfotos, 13 Farbzeichnungen, kartoniert. ●●

Gesunde Pflanzen in
Hydrokultur
(**1257**-8) Von H.-A. Rotter, 80 Seiten, ca. 60 s/w-Zeichnungen, 8 Farbtafeln, kartoniert. ●

Bonsai Japanische Miniaturbäume und Miniaturlandschaften. Anzucht, Gestaltung und Pflege.
(**4091**-1) Von B. Lesniewicz, 160 S., 106 Farbfotos, 46 s/w-Fotos, 115 Zeichnungen, gebunden. ●●●●●

Kakteen
Auswahl · Pflege · Vermehrung
(**1429**-5) Von G. Andersohn, ca. 120 S., zahlr. Farbabbildungen, kartoniert. ●●●

Tiere

Grzimek Juniors **BUNTE TIERWELT**
(**4295**-7) Von Chr. Grzimek, 208 S., 308 Farbfotos, Pappband. ●●●●

Hunde
Rassen · Ausbildung · Pflege · Zucht
(**4118**-7) Von H. Bielfeld, 192 S., 222 Farb- und 73 s/w-Abb., Pappband. ●●●●

Das neue Hundebuch
Rassen · Aufzucht · Pflege (**0009**-X) Von W. Busack, überarbeitet von Dr. med. vet. A. H. Hacker und H. Bielfeld, 112 S., 8 Farbtafeln, 27 s/w-Fotos, 6 Zeichnungen, kartoniert. ●

Alles über Dackel, Teckel und Dachshunde
(**1079**-6) Von M. Wein-Gysae, 80 Seiten, 46 Farbfotos, 2 zweifarbige Zeichnungen, kartoniert. ●●

Hundeausbildung
Verhalten · Gehorsam · Ausbildung
(**0346**-3) Von R. Menzel, 88 S., 26 Fotos, kartoniert. ●

Grundausbildung für Gebrauchshunde
Schäferhund, Boxer, Rottweiler, Dobermann, Riesenschnauzer, Airedaleterrier, Hovawart und Bouvier.
(**0801**-5) Von M. Schmidt und W. Koch. 104 S., 8 Farbtafeln, 51 s/w-Fotos, 5 s/w-Zeichnungen, kartoniert. ●●

Der Hund in der Familie
(**1014**-1) Von J. Werner, 128 S., 106 Farbfotos, kartoniert. ●●

Der Deutsche Schäferhund
(**1091**-5) Von U. Förster, 112 S., 47 Farbzeichnungen, 2 s/w-Fotos, kartoniert. ●●

Der Deutsche Schäferhund
Aufzucht · Pflege und Ausbildung
(**0073**-1) Von A. Hacker, 104 S., 56 Abb., kart. ●

Alles über junge Hunde
(**0863**-5) Von Dr. med. vet. E. M. Bartenschlager, 64 S., 49 Farbfotos, 6 Zeichnungen, kartoniert. ●●

Richtige Hundeernährung
(**0811**-2) Von Dr. med. vet. E. M. Bartenschlager, 80 S., 51 Farbf., 4 Farbzeichn, kart. ●●

Hundekrankheiten
(**1077**-X) Von Dr. med. vet. R. Spangenberg, 96 S., 44 Farb- und 1 s/w-Foto, 22 Farbzeichnungen, kartoniert. ●●

Von Ajax bis Zamperl
Die beliebtesten Hunde-Namen
(**1174**-1) Von H.-J. Schließke, 96 Seiten, kart. ●

Die Katze in der Familie
(**1076**-1) Von U. Birr, 136 S., 112 Farbf., kart. ●●

Katzen
Rassen · Verhalten · Pflege · Zucht
(**4158**-6) Von B. Gerber, 176 S., 294 Farb- und 88 s/w-Fotos, Pappband. ●●●●

Das neue Katzenbuch
Rassen · Aufzucht · Pflege.
(**0427**-3) Von B. Eilert- Overbeck, 120 Seiten, 14 Farbfotos, 26 s/w-Fotos, kartoniert. ●

Katzenkrankheiten
erkennen und behandeln
(**1078**-8) Von Dr. med. vet. R. Spangenberg, 104 S., 40 Farbfotos und 11 Farbzeichnungen, kartoniert. ●●

Junge Katzen
(**0862**-7) Von Dr. med. vet. E. M. Bartenschlager, 72 S., 40 Farbfotos, 4 Farbzeichnungen, kartoniert. ●●

Pferde
(**4186**-1) Von H. Werner, 176 S., 196 Farb- und 50 s/w-Fotos, 100 Zeichnungen, Pappband. ●●●●

Reiten auf Gangpferden
Isländer, Pasos, Saddlehorses und andere Freizeitpferde
(**4716**-9) Von Dr. med. vet. H. Jung, ca. 112 S., zahlreiche Abbildungen, kartoniert. ●●●

Reiten im Bild
(**0415**-X) Von H. Werner, 128 S., 142 Farbfoyos, 107 Farbzeichnungen, kartoniert. ●●

Der Hobby-Imker
(**0978**-X) Von Dr. R. F. A. Moritz, 144 S., 106 zweifarbige Zeichnungen, kart. ●●

Geflügelhaltung als Hobby
(**0749**-3) Von M. Baumeister, H. Meyer, 184 S., 8 Farbtafeln, 47 s/w-Fotos, 15 zweifarbige Zeichnungen, kartoniert. ●●●

Sittiche und kleine Papageien
(**0864**-3) Von Dr. med. vet. E. M. Bartenschlager, 88 S., 84 Farbfotos, 9 Zeichnungen, kartoniert. ●●

Alles über Großsittiche
(**1320**-5) Von H. Bielfeld, 88 S., 88 Farbfotos, 3 Farbzeichnungen, kartoniert. ●●

Alles über Wellensittiche
(**1129**-6) Von H. Bielfeld, 64 S., 53 Farbfotos, 3 Zeichnungen, kartoniert. ●●

Alles über Kanarienvögel
(**0901**-1) Von H. Schnoor, 64 S., 58 Farbfotos und Zeichnungen, kartoniert. ●●

Nymphensittiche
Auswahl · Haltung · Pflege
(**1474**-0) Von F. Moll, ca. 64 Seiten, durchgehend vierfarbig, kartoniert. ●●

Beos
Haltung · Pflege · Zucht
(1475-9) Von M. Wagner, ca. 64 Seiten, durchgehend vierfarbig, kartoniert. ●●

Elternlose Jungvögel
Erste Hilfe · Aufzucht · Auswilderung
(**1319**-1) Von I. Polaschek, 80 S., 80 Farbfotos, 5 Farbzeichnungen, kartoniert. ●●

Diskusfische
Arten · Haltung · Pflege
(**1432**-5) Von H. Hirsch, 64 Seiten, 43 Farbfotos, kartoniert. ●●

Die Tiersprechstunde
Gesunde Fische im Süßwasseraquarium
(**1013**-3) Von H. J. Mayland, 96 S., 73 Farbfotos, 10 Zeichnungen, kartoniert. ●●

Alles über Zwerg- und Goldhamster
(**1012**-5) Von M. Mettler, 96 S., 96 Farbfotos, kartoniert. ●●

Alles über Chinchillas und Degus
(**1130**-X) Von M. Mettler, 96 S., 80 Farbfotos, 3 Zeichnungen, kartoniert. ●●

Alles über Meerschweinchen
(**0809**-0) Von Dr. med. vet. E. M. Bartenschlager, 72 S., 43 Farbfotos, 11 Farbzeichnungen, kartoniert. ●●

Alles über Zwergkaninchen
(**1075**-3) Von M. Mettler,. 64 S., 52 Farbfotos, kartoniert. ●●

Alles über Rennmäuse
(**1318**-3) Von M. Mettler, 80 S., 74 Vignetten, kartoniert. ●●

Sport und Fitneß

Neue Lehrmethoden der Judo-Praxis
(**0424**-9) Von P. Herrmann, 223 S., 475 Abb., kartoniert. ●●

Judo perfekt 1
(**1249**-7) Von K. Fuchs, 128 S., kartoniert. ●●

Judo perfekt 2
Wettkampftechniken im Stand
(**1461**-9) Von K. Fuchs, ca. 144Seiten, kartoniert. ●●

Fußwürfe
für Judo, Karate und Selbstverteidigung.
(**0439**-7) Von H. Nishioka, übers. von H. J. Heese, 96 S., 260 Abb., kartoniert. ●●

Karate 1
zur Selbstverteidigung
(**1312**-4) Von M. Nakayama, 96 Seiten, 315 s/w-Fotos, 5 Zeichn., kartoniert. ●●

Karate 2
zur Selbstverteidigung
(**1362**-0) Von M. Nakayama, 96 Seiten, 245 s/w-Fotos, kartoniert. ●●

Nakayamas Karate perfekt 1
Einführung.
(**0487**-7) Von M. Nakayama, 136 Seiten, 605 s/w-Fotos, kartoniert. ●●

Nakayamas Karate perfekt 2
Grundtechniken.
(**0512**-1) Von M. Nakayama, 136 Seiten, 354 s/w-Fotos, 53 Zeichnungen, kart. ●●

Nakayamas Karate perfekt 3
Kumite 1: Kampfübungen.
(**0538**-5) Von M. Nakayama, 128 Seiten, 424 s/w-Fotos, kartoniert. ●●

Nakayamas Karate perfekt 4
Kumite 2: Kampfübungen.
(**0547**-4) Von M. Nakayama, 128 Seiten, 394 s/w-Fotos, kartoniert. ●●

Nakayamas Karate perfekt 5
Kata 1: Heian, Tekki.
(**0571**-7) Von M. Nakayama, 144 Seiten, 1229 s/w-Fotos, kartoniert. ●●

Nakayamas Karate perfekt 6
Kata 2: Bassai-Dai, Kanku-Dai.
(**0600**-4) Von M. Nakayama, 144 Seiten, 1300 s/w-Fotos, 107 Zeichnungen, kart. ●●

Nakayamas Karate perfekt 7
Kata 3: Jitte, Hangetsu, Empi.
(**0618**-7) Von M. Nakayama, 144 Seiten, 1988 s/w-Fotos, 105 Zeichnungen, kart. ●●

Nakayamas Karate perfekt 8
Gankaku, Jion.
(**0650**-0) Von M. Nakayama, 144 Seiten, 1174 s/w-Fotos, 99 Zeichnungen, kart. ●●

Karate
(**2308**-1) Von A. Pflüger, 96 S., 134 Farbfotos, 4 s/w-Zeichnungen, kartoniert. ●●

Bo-Karate
Hanbo-Jitsu – die Techniken des Stockkampfes.
(**0447**-8) Von G. Stiebler, 176 S., 424 s/w-Fotos, 38 Zeichnungen, kartoniert. ●●

Karate 1
Einführung · Grundtechniken.
(**0227**-0) Von A. Pflüger, 144 S., 195 s/w-Fotos, 120 Zeichnungen, kartoniert. ●

Karate 2
Kombinationstechniken · Katas.
(**0239**-4) Von A. Pflüger, 176 S., 452 s/w-Fotos und Zeichnungen, kartoniert. ●●

Karate Kata 1
Heian 1–5, Tekki 1, Bassai-Dai.
(**0683**-7) Von W.-D. Wichmann, 164 Seiten, 703 s/w-Fotos, kartoniert. ●●

Karate Kata 2
Jion, Empi, Kanku-Dai, Hangetsu.
(**0723**-X) Von W.-D. Wichmann, 140 Seiten, 661 s/w-Fotos, 4 Zeichnungen, kart. ●●

Karate Kata 3
Bassai Sho, Kanku Sho, Nijushiho, Sochin.
(**1120**-2) Von W.-D. Wichmann, 144 Seiten, 598 s/w-Fotos, 4 Grafiken, kart. ●●

Dragon – der Drache
Die Bruce-Lee-Story
(**1415**-5) Von L. Lee, 192 S., 257 s/w-Fotos, kartoniert. ●●●

Bruce Lees Kampfstil 1
Grundtechniken
(**0473**-7) Von B. Lee, M. Uyehara, 109 Seiten, 220 Abbildungen, kartoniert. ●

Bruce Lees Kampfstil 2
Selbstverteidigungs-Techniken
(**0486**-9) Von B. Lee, M. Uyehara, 128 Seiten, 310 Abb., kartoniert. ●

Bruce Lees Kampfstil 3
Trainingslehre
(**0503**-2) Von B. Lee, M. Uyehara, 112 Seiten, 246 Abbildungen, kartoniert. ●

Bruce Lees Kampfstil 4
Kampftechniken
(**0532**-7) Von B. Lee, M. Uyehara, 104 Seiten, 211 Abbildungen, kartoniert. ●

Bruce Lee Kung-Fu
zur Selbstverteidigung
(**1399**-X) Von B. Lee, 104 Seiten, 120 s/w-Abbildungen, kartoniert. ●●

Chuck Norris
Meine Karatetechnik
Erfolgreich in Angriff und Abwehr
(**1460**-0) Von C. Norris, 128 Seiten, kartoniert. ●

Shaolin Kung-Fu 1
Grundlagen chinesischer Kampfkunst
(**1363**-9) Von C. D. Yao, R. Fassi, 124 Seiten, 207 s/w-Fotos, 30 s/w-Zeichn., kart. ●●●

Shaolin Kung-Fu 2
Kampftechniken für Angriff und Abwehr
(**1416**-3) Von C. D. Yao, R. Fassi, 144 Seiten, 581 s/w-Abb., kartoniert. ●●

Kung-Fu 1
Legende · Philosophie · Grundtechniken
(**0891**-0) Von Chr. Yim, 152 S., 401 s/w-Fotos, 2 s/w-Zeichnungen, kartoniert. ●●

Kung-Fu und Thai-Chi
Grundlagen und Bewegungsabläufe
(**0367**-6) Von B. Tegner, 182 Seiten, 370 s/w-Fotos, kartoniert. ●●

Kung Fu
Theorie und Praxis klassischer und moderner Stile
(**0376**-5) Von M. Pabst, 160 Seiten, 330 Abbildungen, kartoniert. ●●

Bruce Lees Jeet Kune Do
(**0440**-0) Von B. Lee, 192 S., mit 105 eigenhändigen Zeichnungen von B. Lee, kartoniert. ●●●

Shaolin-Kempo – Kung-Fu
Chinesisches Karate im Drachenstil.
(**0395**-1) Von R. Czerni, K. Konrad, 246 S., 723 Abbildungen, kartoniert. ●●

Kickboxen
Fitneßtraining und Wettkampfsport.
(**0795**-7) Von G. Lemmens, 96 S., 208 s/w-Fotos, 23 Zeichnungen, kartoniert. ●●

Ninja 1
Die Lehre der Schattenkämpfer.
(**0758**-2) Von S. K. Hayes, übers. von J. Schmit, 144 Seiten, 137 s/w-Fotos, kartoniert. ●●

Ninja 2
Die Wege zum Shoshin.
(**0763**-9) Von S. K. Hayes, übers. von J. Schmit, 160 S., 309 s/w-Fotos, 2 Zeichnungen, kartoniert. ●●

Ninja 3
Der Pfad des Togakure-Kämpfers.
(**0764**-7) Von S. K. Hayes, übers. von J. Schmit, 144 S., 197 s/w-Fotos, 2 Zeichnungen, kartoniert. ●●

Ninja 4
Das Vermächtnis der Schattenkämpfer.
(**0807**-4) Von S. K. Hayes, übers. von J. Schmit, 196 Seiten, 466 s/w-Fotos, kartoniert. ●●

Taekwondo perfekt 1
Die Formenschule bis zum Blaugurt.
(**0890**-2) Von K. Gil, Kim Chul-Hwan, 176 Seiten, 439 s/w-Fotos, 107 Zeichnungen, kartoniert. ●●

Taekwondo perfekt 2
Die Formenschule vom Blau- bis zum Schwarzgurt.
(**0976**-3) Von K. Gil, K. Chul-Hwan, 192 Seiten, 461 s/w-Fotos, 112 Zeichnungen, kartoniert. ●●

Taekwondo perfekt 3
(**1068**-0) Von K. Gil, K. Chul-Hwan, 200 S., 429 s/w-Fotos, kartoniert. ●●●

Taekwondo perfekt 4
(**1250**-0) Von K. Gil, 160 S., zahlr. s/w-Fotos und Schrittdiagramme, 17 Übungstafeln zum Herausnehmen, kart. ●●●

Ju-Jutsu 1
Grundtechniken · Moderne Selbstverteidigung.
(**0276**-9) Von W. Heim, F. J. Gresch, 164 S., 450 s/w-Fotos, 8 Zeichn., kartoniert. ●●

Ju-Jutsu 2
für Fortgeschrittene und Meister.
(**0378**-1) Von W. Heim, F. J. Gresch, 160 S., 798 s/w-Fotos, kartoniert. ●●

Ju-Jutsu 3
Spezial-, Gegen- und Weiterführungs-Techniken · Stockkampfkunst.
(**0485**-0) Von W. Heim, F. J. Gresch, 200 S., über 600 s/w-Fotos, kartoniert. ●●

Aikido
Lehren und Techniken des harmonischen Weges.
(**0537**-7) Von R. Brand, 280 Seiten, 697 Abbildungen, kartoniert. ●●

Hap Ki Do
Koreanische Selbstverteidigung nach dem Lehrsystem des Großmeisters.
(**0379**-X) Von Kim Sou Bong, 112 Seiten, 152 Abbildungen, kartoniert. ●●

Dynamische Tritte
Grundlagen für den Zweikampf.
(**0438**-9) Von C. Lee, 96 S., 398 s/w-Fotos, 10 Zeichnungen, kartoniert. ●●

Super-Tritte
(**1248**-9) Von W. Wallace, 136 S., kart. ●●

Selbstverteidigung
Abwehrtechniken für Sie und Ihn.
(**0853**-8) Von E. Deser, 96 S., 259 s/w-Fotos, kartoniert. ●

Die Faszination athletischer Körper
Bodybuilding
mit Weltmeister Ralf Möller.
(**4281**-7) Von R. Möller, 128 Seiten, 169 Farbfotos, 14 s/w-Fotos, 1 Farbzeichnung, Pappband. ●●●●

Ladyfitneß
Das neue Körperbewußtsein der Frau
Bodyshaping · Körperpflege · Ernährung · Entspannung
(**4433**-X) Von Prof. Dr. S. Starischka, B. Grabis, D. von Cramm, G. W. Kienitz, 128 S., 227 Farbfotos, Pappband. ●●●●

Bodybuilding für Frauen
Wege zu Ihrer Idealfigur
(**0661**-6) Von H. Schulz, 112 S., 84 s/w-Fotos, 4 Zeichnungen, kartoniert. ●

Bodybuilding
Anleitung zum Muskel- und Konditionstraining für sie und ihn
(**0604**-7) Von R. Smolana, 160 S., 171 s/w-Fotos, kartoniert.●●

Bodybuilding
(**2314**-6) Von L. Spitz, 112 S., 203 Farbabbildungen, 10 Tabellen. ●●

Leistungsfähiger durch Krafttraining
Eine Anleitung für Fitness-Sportler, Trainer und Athleten.
(**0617**-9) Von W. Kieser, 96 S., 20 s/w-Fotos, 62 Zeichnungen, kartoniert. ●

Krafttraining
Wirbelsäulengerechte Übungen an und mit Geräten
(**1309**-4) Von A. Balk, 48 S., 8 Bildtafeln, Spiralbindung. ●●●

Muskeltraining mit Hanteln
Leistungssteigerung für Sport und Fitneß
(**0676**-4) Von H. Schulz, 104 S., 92 s/w-Fotos, 2 Zeichnungen, kartoniert.●

Ausdauertraining
Einführung und Grundtechniken
(**1396**-5) Von G. Eyting, 32 S., 41 Farbfotos, 21 Farbzeichn., kartoniert. ●●●

Hanteltraining zu Hause
(**0800**-7) Von W. Kieser, 80 S., 71 s/w-Fotos, 4 Zeichnungen, kartoniert. ●

Optimale Ernährung
für Krafttraining und Bodybuilding.
(**0912**-7) Von B. Dahmen, 88 S., 8 Farbtafeln, 8 Zeichnungen, kartoniert. ●●

Aufwärmen
Übungen und Programme für Sport und Spiel
(**1311**-6) Von Dr. H. Wolff, 40 S., 8 Bildtafeln, Spiralbindung. ●●●

Fitneßtraining
Empfohlen vom Deutschen Sportbund
(**1245**-4) Von Marianne Schreiber, 32 Seiten, Spiralbindung mit Ausklapptafeln. ●●

Wirbelsäulengymnastik
Empfohlen vom Deutschen Sportbund
(**1246**-2) Von L. Keller, 40 Seiten, Spiralbindung mit Ausklapptafeln. ●●●

Aerobics
Low Impact, High-Impact, Step-Aerobic
(**1421**-X) Von M. Freytag-Baumgartner, 44 S., 3 Farbtafeln, 84 Farbfotos, 16 s/w-Fotos, Spiralbindung, kartoniert. ●●●

Stretching
Empfohlen vom Deutschen Sportbund
(**1247**-0) Von A. Balk, 40 Seiten, Spiralbindung mit Ausklapptafeln. ●●

Isometrisches Training
Übungen für Muskelkraft und Entspannung.
(**0529**-6) Von L. M. Kirsch, 104 S., 150 s/w-Fotos, kartoniert. ●●

Stretching
Mit Dehnungsgymnastik zu Entspannung, Geschmeidigkeit und Wohlbefinden.
(**0717**-5) Von H. Schulz, 80 S., 90 s/w-Fotos, kartoniert. ●

Stretching
(**2304**-9) Von B. Kurz, 96 S., 255 Farbfotos, kartoniert. ●●

Gesund und fit durch Gymnastik
(**0366**-8) Von H. Pilss-Samek, 88 Seiten, 130 Abbildungen, kartoniert. ●

Funktionelles Körpertraining
Grundlagen und Bewegungsprogramme
(**1367**-1) Von A. Balk, 40 S., 100 Farbfotos, kartoniert. ●●●

Spielerisch zur Kondition
Über 100 Trainingsspiele zur Verbesserung von Ausdauer, Schnelligkeit, Kraft und Beweglichkeit
(**1214**-4) Von U. Stumpp, 120 S., 30 Grafiken, kartoniert. ●●●

AOK-Videothek
Top-Form Gymnastik
Ein Bewegungsprogramm für pfundige Leute
(**6144**-7) VHS, ca. 30 Minuten, in Farbe. ●●●●*

Fit und frisch
Gymnastik für die ganze Familie
(**6501**-9) Von G. Sieber, 104 S., 306 Farbfotos, 5 Farbzeichnungen, kart., mit Audiokassette, Laufzeit 30 Min. ●●●

Sportjahr 93
Rekorde · Siege · Schicksale · Ergebnisse
Mit Sonderteil Leichtathletik-WM
(**4690**-1) 176 Seiten, 373 Farbfotos, Pappband. ●●●

Freeclimbing
Technik und Training
(**1251**-9) Von T. Strobl, 144 Seiten, durchgehend vierfarbig, kartoniert. ●●●

Fechten
Florett · Degen · Säbel.
(**0449**-4) Von E. Beck, 88 Seiten, 185 Fotos, 10 Zeichnungen, kartoniert. ●●

SportRegeln Volleyball
(**1368**-X) 88 S., 5 Farbtafeln, 19 s/w-Fotos, kartoniert. ●●

Fußball
(**2309**-X) Von H. Obermann, P. Walz, 112 Seiten, 47 Farbfotos, 18 Farb- und 25 s/w-Zeichnungen, kartoniert. ●●

Sepp Maier
Super-Torwart-Training
(**4451**-8) Von S. Maier, 168 S., 30 Farb- und 34 s/w-Fotos, 236 zweifarbige Zeichnungen, Pappband. ●●●●

Fußballtraining für Kinder und Jugendliche
Spiel- und Übungsformen zu Technik und Taktik
(**1463**-5) Von S. Asmus u. a., ca. 128 Seiten, durchgehend vierfarbig, kartoniert. ●●

SportRegeln
American Football
(**1165**-2) 136 S., 18 s/w-Fotos, kartoniert. ●

Streetball
Technik · Taktik · Spiel
(**1465**-1) Von J. Bezler und T. Paganetti, ca. 80 Seiten, durchgehend vierfarbig, kartoniert. ●●

Handball
Technik · Taktik · Regeln.
(**0426**-5) Von F. und P. Hattig, 128 Seiten, 91 s/w-Fotos, 121 Zeichnungen, kart. ●●

Handball
Grundlagen für Training und Spiel
(**2321**-9) Von H.-P. Oppermann, 120 Seiten, 39 Farbtafeln, 12 s/w-Fotos, 108 Farbzeichnungen, kartoniert. ●●

SportRegeln Handball
Die offiziellen Regeln
Wissenswertes von A bis Z
(**1099**-6) 88 Seiten, 32 s/w-Fotos, 14 Zeichnungen, kartoniert. ●

SportRegeln Rugby
Die offiziellen Regeln
Wissenswertes von A bis Z
(**1216**-0) 96 Seiten, zahlreiche zweifarbige Abbildungen, kartoniert. ●

Tennis
Technik · Taktik · Regeln.
(**0375**-7) Von W. u. S. Taferner, 112 Seiten, 81 Abbildungen., kartoniert. ●

SportRegeln Tennis
Die offiziellen Regeln
Wissenswertes von A bis Z
(**1097**-4) 88 S., 24 s/w-Fotos, 6 Zeichnungen, kartoniert. ●

Tischtennis-Technik
Der individuelle Weg zu erfolgreichem Spiel.
(**0775**-2) Von M. Perger, 144 Seiten, 296 Abbildungen, kartoniert. ●●

SportRegeln Tischtennis
Die offiziellen Regeln
Wissenswertes von A bis Z (**1252**-7) 96 S., zahlreiche zweifarbige Abb., kart. ●

Badminton
Technik · Taktik · Training.
(**0699**-3) Von K. Fuchs, L. Sologub, 168 S., 51 Abbildungen, kartoniert. ●●

SportRegeln
Badminton
(**1101**-6) 84 S., kartoniert. ●

Squash
(**2311**-1) Von P. Langhammer, R. Michna, 96 S., 86 Farbfotos, 13 Farbzeichn., kartoniert. ●●

Squash
Ausrüstung · Technik · Regeln
(**0539**-3) Von D. von Horn, H.-D. Stünitz, 96 S., 55 s/w-Fotos, 25 Zeichnungen, kart. ●

SportRegeln Squash
Wissenswertes von A bis Z
(**1100**-8) 64 S., 11 s/w-Fotos, 23 Zeichnungen, kartoniert. ●

Darts
Technik · Taktik · Spiel
(**1466**-X) Von R.W. Sohlbach, ca. 112 S., kart. ●●

Golf
Neue Wege zum erfolgreichen Spiel
(**4509**-3) Von O. Heuler, ca. 144 S., zahlr. Farbabbildungen, Pappband. ●●●●●

SportRegeln Golf
(**1315**-9) 96 S., 19 s/w-Fotos, kartoniert. ●

Golf
Ausrüstung und Technik.
(**0343**-9) Von J. C. Jessop, 96 S., 57 Abb., Anhang Golfregeln des DGV, kart. ●

Eishockey
Lauf- und Stocktechnik, Körperspiel, Taktik, Ausrüstung und Regeln.
(**0414**-1) Von J. Čapla, 264 S., 548 s/w-Fotos, 163 Zeichnungen, kartoniert. ●●●

SportRegeln
Eishockey
(**1098**-2) 116 Seiten, kartoniert. ●

Billard
Grundstöße · Viertelbillard und Freie Partie
(**1313**-2) Von Dr. H. Stingel, 112 Seiten, 196 Zeichnungen, kartoniert. ●●●

Grundlagen für Training und Spiel
Pool-Billard
(**2318**-9) Von B. Pejcic, R. Meyer, 96 S., durchgehend vierfarbig, kartoniert. ●●

Pool-Billard
(**0484**-2) Herausgegeben vom Deutschen Pool-Billard-Bund. Von M.Bach, K.-W. Kühn, 104 S., 64 Abbildungen, kartoniert. ●

FALKEN Video
Reiten
Von der ersten Stunde bis zum Ausritt
(**6097**-1) VHS, ca. 60 Min., in Farbe, mit Begleitheft. ●●●●*

Reiten
(**2322**-7) Von T. Eckholt, 128 S., durchgehend vierfarbig, kartoniert. ●●

Tanzstunde
Das Welttanzprogramm leicht gelernt
(**4409**-2) Von G. Hädrich, 164 S., 489 s/w-Fotos, 63 Zeichnungen, Pappband. ●●●

Wir lernen Tanzen
(**0200**-9) Von E. Fern, 152 S., 119 s/w-Fotos, 47 Zeichnungen, kartoniert. ●●

Anmutig und fit durch
Bauchtanz
(**0911**-9) Von Marta, 120 S., 229 Farbfotos, 6 s/w-Zeichnungen, kartoniert. ●●●

Segeln
(**1364**-X) Von H. Mönster u.a., ca. 128 Seiten, durchgehend vierfarbig, zahlr. Abbildungen, kartoniert. ●●●

Sporttauchen
Theorie und Praxis des Gerätetauchens
(**0647**-0) Von S. Müßig, 144 S., 8 Farbtafeln, 35 s/w-Fotos, 89 Zeichnungen, kart. ●●

Fit mit Sporttauchen
(**2320**-0) Von Dr. F. Naglschmid, 112 Seiten, 71 Farbfotos, 21 Zeichnungen, kart. ●●

Angelfischerei von Aal bis Zander
Fische · Geräte · Technik.
(**0324**-2) Von H. Oppel, 72 Seiten, 16 Farbtafeln, 49 s/w-Abb., kartoniert. ●●

Angeln
Kleine Fibel für den Sportfischer.
(**0198**-3) Von E. Bondick, 80 Seiten, 4 Farbtafeln, 116 Abbildungen, kartoniert. ●

Snowboarding
Ausrüstung · Fahrtechnik · Wettkämpfe
Videokassette (**6139**-0) VHS, ca. 45 Min., in Farbe. ●●●●*

Fibel für Kegelfreunde
Sport- und Freizeitkegeln · Bowling
(**0191**-6) Von G. Bocsai, 72 Seiten, 62 Abb., kartoniert ●

111spannende Kegelspiele
(**2031**-7) Von H. Regulski, 80 S., 53 Zeichnungen, kartoniert. ●

Mensch und Gesundheit

Der moderne Ratgeber
Wir werden Eltern
Schwangerschaft · Geburt · Erziehung des Kleinkindes.
(**4269**-8) Von B. Nees-Delaval, 376 Seiten, 335 2-farbige Abb., Pappband. ●●●●

Ich freue mich auf mein Baby
Ratgeber und Tagebuch für die Schwangerschaft
(**4711**-8) Von E. Portz-Schmitt, 184 S., 18 Farbfotos, 72 Farbzeichn., Pappband. ●●●●

Ich bekomme ein Baby
Wegweiser für Schwangerschaft und Geburt
(**1254**-3) Von B. Nees-Delaval, 144 Seiten, durchgehend zweifarbig, kartoniert. ●●

Wenn der Mensch zum Vater wird
Ein heiter-besinnlicher Ratgeber
(**4259**-0) Von D. Zimmer, 160 S., 20 Zeichnungen, Pappband. ●●●

AOK Bibliothek
Schwangerschaftsgymnastik und Geburtsvorbereitung
(**1423**-6) Von L. Keller, 112 S., 137 Farbfotos, 12 Farbzeichnungen, kartoniert. ●●●

Vorbereitung auf die Geburt und
Schwangerschaftsgymnastik
Atmung, Rückbildungsgymnastik,
(**0251**-3) Von S. Buchholz, 112 Seiten, 98 s/w-Fotos, kartoniert. ●

AOK-Bibliothek
Rückbildungsgymnastik
Informationen, Tips und Übungen
(**1470**-8) Von L. Keller, ca. 112 Seiten, zahlreiche Farbfotos und Farbillustrationen, kartoniert. ●●●*

AOK-Videothek
FALKEN Video
Rückbildungsgymnastik
Informationen, Tips und Übungen
(**6176**-5) Laufzeit ca. 30 Minuten. ●●●●*

Die Kunst des Stillens
nach neuesten Erkenntnissen
(**0701**-9) Von Prof. Dr. med. E. Schmidt, S. Brunn, 112 S., 20 Fotos und Zeichnungen, kartoniert. ●

Der große FALKEN BabyKurs
Pflege · Ernährung · Entwicklung · Erziehung
(**4739**-8) Von K. Schutt, ca. 352 Seiten, ca. 400 Farbfotos, gebunden. ●●●

Das Babybuch
Pflege · Ernährung · Entwicklung
(**0531**-8) Von A. Burkert, 96 Seiten, 76 zweifarbige Zeichnungen, 22 s/w-Zeichnungen, kartoniert. ●●

Babyfitneß
Massage, Spiele, Gymnastik und Schwimmen für Kinder im 1. Lebensjahr
(**1034**-6) Von G. Zeiß, 112 Seiten, 179 zweifarbige Illustrationen, , kartoniert. ●●

Wenn Kinder krank werden
Medizinischer Ratgeber für Eltern
(**4240**-X) Von B. Nees-Delaval, 232 Seiten, 163 Zeichnungen, Pappband. ●●●

Keinen Mann um jeden Preis
Das neue Selbstverständnis der Frau in der Partnerbeziehung
(**4440**-2) Von Shere Hite, Kate Colleran, 208 Seiten, Pappband. ●●●

Total verknallt ... und keine Ahnung?
Alles über Liebe, Sex und Zärtlichkeit
(**1024**-9) Von H. Bruckner, R. Rathgeber, 104 S., 38 Abbildungen, kartoniert. ●●

Streicheleinheiten für Körper und Seele
Partnermassage
(**4444**-5) Von Chr. Unseld-Baumanns, 136 S., 145 Farbfotos, Pappband. ●●●●

Partner gesucht
Die besten Tips und Strategien fürs Kennenlernen
(**1481**-3) Von Dr. C. Harmsen, 128 Seiten, kartoniert. ●●

freundin Ratgeber
Glück braucht Mut
Die Psycho-Logik des Jens Corssen
(**1176**-8) Von J. Corssen, B. Schmidt, 160 S., kartoniert. ●●

freundin Ratgeber
Die faire Trennung
Wie man mit Anstand auseinandergeht
(**1477**-5) Von I. Weber, ca. 144 S., kart. ●●

Angst und Panik
Ursachen · Symptome · Therapie
(**1422**-8) Von Prof. Dr. H.-R. Lückert, 176 S., kartoniert. ●●●

Wörterbuch der Medizin
(**4535**-2) 400 Seiten, 229 Farbfotos, Pappband. ●●●●

Bildatlas des menschlichen Körpers
(**4177**-2) Von G. Pogliani, V. Vannini, 112 Seiten, 402 Farbabbildungen, 28 s/w-Fotos, Pappband. ●●●●

Richtig essen bei
Nahrungsmittelallergien
(**4745**-2) Von Dr. med. C. Thiel, A. Ilies, 128 S., ca. 90 Farbf., gebunden. ●●●

Nahrungsmittelallergien
So ernähren Sie sich richtig!
(**0913**-5) Von Priv.-Doz. Dr. med. Dr. med. habil. J. von Mayenburg, Prof. Dr. med. Dr. phil. S. Borelli, E. Polster, 136 S., kart. ●●

Neurodermitis
Ursachen · Ganzheitliche Behandlung · Selbsthilfe
(**1218**-7) Von Prof. Dr. med. Dr. phil. S. Borelli, 144 S., kartoniert. ●●

Bluthochdruck
Risikofaktoren · Vorbeugung · Behandlung
(**1125**-3) Von Prof. Dr. med. D. Klaus, R. Unsorg, G. Leibold, 152 S., 25 Farbfotos, 22 Farbzeichnungen, kartoniert. ●●●

Arteriosklerose
Risikofaktoren/Vorbeugung/Therapie
Richtige Ernährung bei erhöhtem Cholesterinspiegel.
(**1020**-6) Von Prof. Dr. med. G. Assmann, Dr. troph. U. Wahrburg, 192 S., 84 farb. Abb., 4 s/w-Zeichnungen, kartoniert. ●●●

Asthma
Pseudokrupp, Bronchitis und Lungenemphysem
Krankheitsbilder · Diagnose · Therapie
(**1126**-1) Von Prof. Dr. med. W. Schmidt, S. Ertelt, 152 S., 110 zweif. Zeichn., kart. ●●●

Risiko Herzinfarkt
Empfohlen von der Deutschen Herzstiftung
(**1217**-9) Von C. Halhuber, M. J. Halhuber, 152 S., 38 Farb- und 8 s/w-Zeichnungen, kartoniert. ●●●

So arbeitet das Immunsystem
Funktionsweise · Störungen · Natürliche Stärkung
(**1253**-5) Von V. Friebel, J. Ledvina, A. Roßmeier, 168 S., 18 Farbtafeln, 38 zweifarbige Zeichnungen, kartoniert. ●●●

Diabetes
Krankheitsbild, Therapie, Kontrollen, Schwangerschaft, Sport, Urlaub, Alltagsprobleme. Neueste Erkenntnisse der Diabetesforschung. (**0895**-3) Von Dr. med. H. J. Krönke, 120 S., 4 Farbtafeln, 14 s/w-Fotos, 13 s/w-Zeichnungen, kartoniert. ●

AOK-Bibliothek
Gesunde Haut
Ratgeber für Pflege und Gesundheit
(**1468**-6) Von Dr. med. J. Müller und Dr. med. K.-U. Schmidt, ca. 112 Seiten, zahlr. Abbildungen, durchgehend vierfarbig, kart. ●●●

Naturkosmetik
Die Grundlagen gesunder und natürlicher Hautpflege.
(**1080**-X) Von N. E. Haas, 120 Seiten, 63 Farbabbildungen, kartoniert. ●●

Die sanfte Art des Heilens
Homöopathie
Praktische Anwendung und Arzneimittellehre
(**4418**-X) Von J. H. P. Kreuter, 216 S., 49 Zeichnungen, Pappband. ●●●

Aromatherapie
Gesundheit und Entspannung durch ätherische Öle.
(**1131**-8) Von K. Schutt, 96 S., 40 zweifarbige Abbildungen, kartoniert. ●●

Heilatmen
Ein Weg zu Lebenskraft und innerer Harmonie
(**1047**-8) Von K. Schutt, 112 S., 57 zweifarbige Abbildungen, kartoniert. ●●

Bewährte Naturheilverfahren bei
Herz-Kreislauf-Erkrankungen
(**1084**-2) Von Dr. med. O. Wolff, G. Leibold, 104 Seiten, kartoniert. ●

Risiko Herzinfarkt
(**1217**-9) Von Dr. C. Halhuber, Prof. Dr. M. J. Halhuber, 160 S., durchgehend zweifarbig, kartoniert. ●●●

Krebsangst und Krebs behandeln
Mit einem Vorwort von Prof. Dr. med. Friedrich Douwes.
(**0839**-2) Von G. Leibold, 104 Seiten, kartoniert. ●

Bewährte Naturheilverfahren bei
Krebs
(**1082**-6) Hrsg. H.-R. Heiligtag, 88 Seiten, kartoniert. ●

Heilen mit Blütenenergien
nach Dr. Bach
(**1141**-5) Von J. Wenzel, ca. 96 S., kartoniert. ●

Bewährte Naturheilverfahren bei
Migräne und Schlafstörungen
(**1081**-8) Von G. Leibold, Dr. med. H. Chr. Scheiner, 112 Seiten, kartoniert. ●

Gesunder Schlaf
Schlafstörungen ohne Medikamente erfolgreich behandeln.
(**1036**-2) Von D. H. Alke, 88 S., 22 s/w-Abb., mit Audiokassette, kartoniert. ●●●

Natürliche Behandlungsmethoden bei
Rückenschmerzen
Massage · Gymnastik · Entspannung
(**4447**-X) Von Prof. Dr. med. H. Hess, K. Eder, H.-J. Montag, K. Schutt, 152 S., 168 Farbabbildungen, Pappband. ●●●

TELE-Rückenschule
Wohlbefinden durch bewußte Körpererfahrung
(**1310**-8) Von K. Haak, 64 S., 19 Farb-, 24 s/w-Fotos, 24 Zeichnungen, 2 Ausklapptafeln, mit Audiokassette, kartoniert. ●●●●

TELE-Rückenschule
Wohlbefinden durch bewußte Körpererfahrung
Videokassette (**6108**-0) VHS, ca. 60 Min., in Farbe, mit Broschüre. ●●●●*

Rheuma behandeln und lindern
Mit einem Vorwort von Dr. med. Max-Otto Bruker.
(**0836**-8) Von G. Leibold, 96 Seiten, kartoniert. ●

Besser sehen durch Augentraining
Ein Gesundheitsprogramm zur Verbesserung des Sehvermögens.
(**0914**-3) Von K. Schutt, B. Rumpler, 96 S., 32 s/w-Zeichnungen, kartoniert. ●●

So arbeitet das
Immunsystem
(**1253**-5) Von V. Friebel, I. Ledvina, A. Roßmeier, 192 Seiten, durchgehend zweifarbig, kartoniert. ●●●

Allergien behandeln und lindern
Mit einem Vorwort von Prof. Dr. med. Axel Stemmann.
(**0840**-6) Von G. Leibold, 96 Seiten, 4 Zeichnungen, kartoniert. ●

Enzyme
Vitalstoffe für die Gesundheit
(**0677**-2) Von G. Leibold, 96 S., kartoniert. ●

Besser leben durch Fasten
(**0841**-4) Von G. Leibold, 96 S., kartoniert. ●

Massagetechniken und Heilanzeigen
Reflexzonentherapie
(**4404**-6) Von G. Leibold, 128 Seiten, 53 Farbzeichnungen, Pappband. ●●●

Akupressur zur Eigenbehandlung
(**0417**-6) Von G. Leibold, 112 S., 78 Abb., kartoniert.●

Shiatsu-Massage
Harmonisierung der Energieströme im Körper
(**0615**-2) Von G. Leibold, 196 S., 180 Abb., kartoniert. ●●●

Fußsohlenmassage
Heilanzeigen · Technik · Selbsthilfe
(**0714**-0) Von G. Leibold, 96 S., 38 Zeichnungen, kartoniert. ●

Entspannung und Schmerzlinderung durch
Massage
(**0750**-7) Von B. Rumpler, K. Schutt, 112 S., 116 zweifarbige Zeichnungen, kartoniert. ●

Gesundheit und Entspannung durch
Massage
(**1317**-5) Von K. Schutt, 168 S., 126 Farbfotos., 61 Farbzeichnungen, kartoniert. ●●●

Gesundheit für Körper und Seele
Entspannung
(**1471**-6) Von K. Schutt, ca. 80 Seiten, durchgehend zweifarbig, kartoniert, Audiokassette ca. 60 Minuten Laufzeit. ●●●●

Entspannung
(**0834**-1) Von Dr. Med. Chr. Schenk, 88 S., 29 Zeichnungen, kartoniert. ●

Autogenes Training
Ein Programm zur Streßbewältigung
(**1278**-0) Von Dr. P. Kruse, B. Pavlekovic, K. Haak, 112 S., durchgehend zweifarbig, kartoniert. ●●●

Erfolg und Lebensfreude durch
Autogenes Training und Psychokybernetik
(**1035**-4) Von D. H. Alke, 80 Seiten, 2 s/w-Zeichnungen, mit Audiokassette, kartoniert. ●●●

Chinesisches Schattenboxen
Tai-Ji-Quan
für geistige und körperliche Harmonie
(**0850**-3) Von F.T. Lie, 120 S., 221 s/w-Fotos, 9 s/w-Zeichnungen, Beilage: 1 s/w-Poster mit zahlreichen Abbildungen, kartoniert. ●●

AOK-Bibliothek
Qi-Gong im Alltag
Chinesische Atem- und Bewegungsübungen
(**1316**-7) Von L. U. Schoefer, ca. 80 Seiten, durchgehend vierfarbig, zahlreiche Fotos, kartoniert. ●●

AOK-Bibliothek
Qi-Gong im Alltag
Chinesische Atem- und Bewegungsübungen
(**1427**-9) Von L. U. Schoefer, ca. 80 Seiten, durchgehend vierfarbig, zahlreiche Fotos, kartoniert, mit Audiokassette. ●●●●

AOK-Videothek
Qi-Gong im Alltag
Chinesische Atem- und Bewegungsübungen
(**6179**-X) Von L. U. Schoefer, ca. 60 Minuten Laufzeit. ●●●●

Yoga für jeden
(**1277**-2) Von K. Zebroff, 144 Seiten, Spiralbindung, durchgehend vierfarbig, kartoniert. ●●●

Yoga
Weg zur Harmonie
(**4417**-8) Von A. Harf, W. von Rohr, 176 S., 171 Farbf., 12 s/w-Zeichn., Pappband. ●●●●

Yoga gegen Haltungsschäden und Rückenschmerzen
(**0394**-3) Von A. Raab, 104 S., 215 Abb., kart. ●

AOK-Bibliothek
Radwandern
für die Gesundheit
(**1369**-8) Von S. Kälberer, J.–U. Knoll, 128 S., 126 Farbfotos, kartoniert. ●●●

AOK-Bilbliothek
Osteoporose
Vorbeugen · Diagnose · Behandlung
(**1371**-X) Von A. Baumgarten, 96 S., 74 Farbfotos, 17 Farbzeichn., kartoniert. ●●●

AOK-Bibliothek
Erkältungskrankheiten
Vorbeugung und Behandlung
(**1372**-8) Von G. Leibold, 112 S., 74 Farbfotos, 7 Farbzeichn., kartoniert. ●●●

AOK-Bibliothek
Krankenpflege zu Hause
Anleitungen, Tips und Informationen
(**1373**-6) Von S. Hof, 104 S., 68 Farbfotos, 32 Farbzeichn., kartoniert. ●●●

PfundsKur Kochbuch
(**4726**-6) Von F. Metzler, 112 S., 81 Farbfotos, Pappband. ●●●

Fit ohne Fett
Die neue PfundsKur
(**1370**-1) Von Prof. Dr. V. Pudel, 128 Seiten, kartoniert. ●

Die aktuelle
Ballaststofftabelle
(**1288**-8) Von Dr. H. Oberritter, 80 Seiten, kartoniert. ●

Neue Rezepte für **Diabetiker-Diät**
Vollwertig · abwechslungsreich · kalorienarm
(**0418**-4) Von M. Oehlrich, 96 S., 8 Farbtafeln, kartoniert. ●

Diät bei Herzkrankheiten und Bluthochdruck
Rezeptteil von B. Zöllner
(**3202**-1) Von Prof. Dr. med. H. Rottka, 92 S., 4 Farbtafeln, kartoniert. ●●

Diät bei Erkrankungen der Nieren, Harnwege und bei Dialysebehandlung
Rezeptteil von B. Zöllner.
(**3203**-X) Von Prof. Dr. med. Dr. h. c. H. J. Sarre und Prof. Dr. med. R. Kluthe, 96 S., 33 Farbfotos, 1 s/w-Zeichnung, kartoniert. ●●

Diät bei Gicht und Harnsäuresteinen
Rezeptteil von B. Zöllner.
(**3205**-6) Von Prof. Dr. med. N. Zöllner, 112 S., 35 Farbtafeln, kartoniert. ●●

Diät bei Zuckerkrankheit
Rezeptteil von B. Zöllner (**3206**-4) Von Prof. Dr. med. P. Dieterle, 112 S., 42 Farbfotos, 4 vierfarbige Vignetten, 1 s/w-Zeichnung, kartoniert. ●●

Diät bei erhöhtem Cholesterinspiegel und anderen Fettstoffwechselstörungen
Rezeptteil von B. Zöllner.
(**3208**-0) Von Prof. Dr. med. G. Wolfram, 102 S., 32 Farbfotos, kartoniert. ●●

Ballaststoffreiche Kost bei Funktionsstörungen des Darms
Rezeptteil von B. Zöllner.
(**3212**-9) Von Prof. Dr. med. H. Kasper, 96 Seiten, 34 Farbfotos, 1 s/w-Foto, kartoniert. ●●

Diät bei Krankheiten des Magens und Zwölffingerdarms
Rezeptteil von B. Zöllner
(**3201**-3) Von Prof. Dr. med. H. Kaess, 96 Seiten, 35 Farbfotos, 1 s/w-Zeichnung, kartoniert. ●●

Diät bei Krankheiten der Gallenblase, Leber und Bauchspeicheldrüse
Rezeptteil von B. Zöllner.
(**3207**-2) Von Prof. Dr. med. H. Kasper, 88 Seiten, 35 Farbfotos, 1 s/w-Zeichnung, , kartoniert. ●●

Video

Hobby Aquarellmalen
Landschaft und Stilleben
(**6022**-X) VHS, 40 Min., in Farbe, mit Begleitheft. ●●●●*

Hobby Ölmalerei
Landschaft und Stilleben
(**6025**-4) VHS, 40 Min., in Farbe, mit Begleitheft. ●●●●*

Seidenmalerei
leicht gemacht
(**6173**-0) VHS, ca. 30 Min., in Farbe ●●●●*

Basteln mit Kindern
(**6041**-6) VHS, 60 Min., in Farbe, mit Vorlagen in Originalgröße, mit Begleitheft. ●●●*

Die Modelleisenbahn
Anlagenbau in Modultechnik
(**6028**-9) VHS, 30 Min., in Farbe. ●●●●*

Golf
(**6053**-X) VHS, 60 Min., in Farbe, mit Begleitheft. ●●●●●*

Reiten
(**6097**-1) VHS, ca. 60 Min., in Farbe, mit Begleitbroschüre. ●●●●*

Karate
Einführung und Grundtechniken
(**6037**-8) VHS, ca. 45 Min., in Farbe, mit Begleitbroschüre. ●●●●*

Skigymnastik perfekt
(**6052**-1) VHS, ca. 60 Min., in Farbe, mit Begleitbroschüre. ●●●●●*

Snowboarding
(**6139**-0) VHS, ca. 45 Min., in Farbe, mit Broschüre.●●●●*

Pflanzenjournal
Blumen- und Pflanzenpflege im Jahreslauf
(**6036**-X) VHS, 30 Minuten, mit Begleitheft. ●●●●*

Schnitt und Pflege
von Bäumen und Sträuchern
(**6050**-5) VHS, 45 Minuten, in Farbe, mit Begleitheft. ●●●●*

Erfolgreiche Streßbewältigung
Autogenes Training
Video 1: Einführung und Kurs
Video 2: Übungen
(**6132**-3) VHS, jeweils ca. 60 Minuten, in Farbe. ●●●●●*

Aktfotografie
Gestaltung/Technik/Spezialeffekte
Interpretationen zu einem unerschöpflichen Thema
(**6001**-7) VHS, 60 Min., in Farbe, mit Begleitheft. ●●●●●*

Videografieren perfekt
Profitricks für Aufnahmetechnik und Nachbearbeitung
(**6042**-4) VHS, (**6044**-4) Video 8, 60 Min., in Farbe, mit Begleitheft. ●●●●●*

Besser Videofilmen
(**6172**-2) VHS, ca. 60 Minuten, in Farbe. ●●●●●*

Top-Form Gymnastik
Ein Bewegungsprogramm für pfundige Leute
(**6144**-7) VHS, ca. 30 Minuten, in Farbe. ●●●●*

Fitt ohne Fett
PfundsKur Video
(**6142**-0) VHS, ca. 40 Min., in Farbe.●●●●*

Streicheleinheiten für Körper und Seele
Partnermassage
(**6051**-3) VHS, 45 Min., in Farbe, mit Begleitheft. ●●●●●*

Tele Partner Massage
Zärtliche Entspannung zu zweit
(**6131**-5) VHS, ca. 60 Minuten, in Farbe. ●●●●*

Sinnliche Stunden
(**6099**-8) VHS, ca. 60 Min., in Farbe, mit Begleitbroschüre. ●●●●●*

Nie wieder rauchen
(**6100**-5) VHS, ca. 45 Min., in Farbe, mit Begleitbroschüre. ●●●●*

New York
(**6151**-X) VHS, ca. 60 Min., in Farbe. ●●●●*

Kalifornien
(**6152**-8) VHS, ca. 60 Min., in Farbe. ●●●●*

USA Südwest
(**6153**-6) VHS, ca. 60 Min., in Farbe. ●●●●*

Florida
(**6154**-4) VHS, ca. 60 Min., in Farbe. ●●●●*

Hawaii
(**6164**-1) VHS, ca. 60 Min., in Farbe. ●●●●*

Irland
(**6167**-6) VHS, ca. 60 Min., in Farbe. ●●●●*

Norwegen
(**6161**-7) VHS, ca. 60 Min., in Farbe. ●●●●*

Kanarische Inseln
(**6162**-5) VHS, ca. 60 Min., in Farbe. ●●●●*

Mallorca
(**6143**-9) VHS, ca. 60 Min., in Farbe. ●●●●*

Toscana
(**6148**-X) VHS, ca. 60 Min., in Farbe. ●●●●*

Rom
(**6145**-5) VHS, ca. 60 Min., in Farbe. ●●●●*

Venedig
(**6146**-3) VHS, ca. 60 Min., in Farbe. ●●●●*

Florenz
(**6147**-1) VHS, ca. 60 Min., in Farbe. ●●●●*

Paris
(**6157**-9) VHS, ca. 60 Min., in Farbe. ●●●●*

Wien
(**6158**-7) VHS, ca. 60 Min., in Farbe. ●●●●*

London
(**6159**-5) VHS, ca. 60 Min., in Farbe. ●●●●*

Prag
(**6165**-X) VHS, ca. 60 Min., in Farbe. ●●●●*

Griechische Inseln
(**6166**-8) VHS, ca. 60 Min., in Farbe. ●●●●*

Kuba
(**6150**-1) VHS, ca. 60 Min., in Farbe. ●●●●*

Dominikanische Republik
(**6163**-3) VHS, ca. 60 Min., in Farbe. ●●●●*

Malediven
(**6156**-0) VHS, ca. 60 Min., in Farbe. ●●●●*

Bali
(**6149**-8) VHS, ca. 60 Min., in Farbe. ●●●●*

Thailand
(**6155**-2) VHS, ca. 60 Min., in Farbe. ●●●●*

Hongkong
(**6160**-9) VHS, ca. 60 Min., in Farbe. ●●●●*

Berlin
(**6177**-3) Laufzeit ca. 60 Minuten. ●●●●*

Tunesien
(**6174**-9) Laufzeit ca. 60 Minuten. ●●●●*

Kanada
(**6178**-1) Laufzeit ca. 60 Minuten. ●●●●*

Bestellschein

Erfüllungsort und Gerichtsstand für Vollkaufleute ist der jeweilige Sitz der Lieferfirma. Für alle übrigen Kunden gilt dieser Gerichtsstand für das Mahnverfahren. Falls durch besondere Umstände Preisänderungen notwendig werden, erfolgt Auftragserledigung zu dem bei der Lieferung gültigen Preis.

Ich bestelle hiermit aus dem Falken-Verlag GmbH, Postfach 1120, D-65521 Niedernhausen/Ts., durch die Buchhandlung:

Ex.

Ex.

Ex.

Ex.

Name: Datum:

Straße:

Ort: Unterschrift:

Die hier vorgestellten Bücher, Videokassetten und Software sind in folgende Preisgruppen unterteilt:

● Preisgruppe bis DM 10,–/S 79,–/SFr 11,–
●● Preisgruppe über DM 10,– bis DM 20,– S 80,– bis S 160,– SFr 10,– bis SFr 21,–
●●● Preisgruppe über DM 20,– bis DM 30,– S 161,– bis S 240,– SFr 21,– bis SFr 30,–
●●●● Preisgruppe über DM 30,– bis DM 50,– S 241,– bis S 400,– SFr 30,– bis SFr 50,–
●●●●● Preisgruppe über DM 50,–/S 401,–/SFr 50,–
* (unverbindliche Preisempfehlung)

Die Preise entsprechen dem Status beim Druck dieses Verzeichnisses (s. Seite 1) – Änderungen, im besonderen der Preise, vorbehalten –

Falken-Verlag GmbH · Postfach 1120 FALKEN **D-65521 Niedernhausen/Ts. · Tel.: 0 61 27 / 70 20**